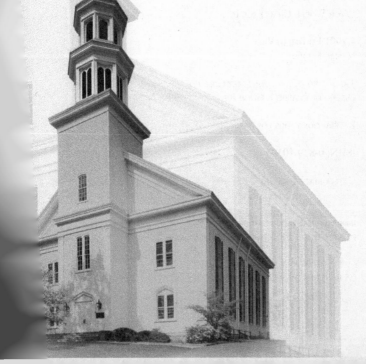

David

EXHORTA
A LA
IGLESIA

MW00585844

La misión de Editorial Vida es proporcionar los recursos
necesarios a fin de alcanzar a las personas para Jesucristo
y ayudarlas a crecer en su fe.

PUBLICADO EN INGLÉS BAJO EL TÍTULO:
DAVID WILKERSON EXHORTS THE CHURCH.

ESTE LIBRO ES UNA COLECCIÓN DE MENSAJES PUBLICADOS EN INGLÉS
ORIGINALMENTE EN FORMA DE BOLETINES.

© POR WORLD CHALLENGE INC.

©1991 EDITORIAL VIDA
MIAMI, FLORIDA

TRADUCCIÓN: JORGE ARBELÁEZ GIRALDO
DISEÑO DE CUBIERTA: GOOD IDEA PRODUCTIONS INC.

RESERVADOS TODOS LOS DERECHOS

ISBN: 0-8297-0396-9

CATEGORÍA: MENSAJES

IMPRESO EN ESTADOS UNIDOS DE AMÉRICA
PRINTED IN THE UNITED STATES OF AMERICA

05 06 07 08 09 ❖ 11 10 9 8 7

Indice

Índice

1

La presencia de Dios

El peligro de perderla
Cómo se pierde
Cómo se recupera

David adulteró con Betsabé, y ". . . esto que David había hecho, fue desagradable ante los ojos de Jehová" (2 Samuel 11:27). Betsabé llegó a ser reina y David continuó cumpliendo con sus deberes reales. Cierto día, quizás mientras estaba en una sesión de gobierno a alto nivel con embajadores extranjeros, alguien se acercó al rey y le susurró:

—Señor, el profeta Natán está aquí. Se encuentra impaciente e insiste en verlo ahora mismo. ¡Dice que es un asunto de vida o muerte!

Me imagino a David palidecer, al retirarse la sangre de su rostro rápidamente, incapaz de moverse y paralizado por el temor. Sus pensamientos se agitaban: "¡Oh, no! ¡El sabe! ¡Seguro que lo sabe! ¡Es profeta! ¡Dios debe haberle contado acerca de mis relaciones secretas con Betsabé! ¡El sabe que Urías no murió por accidente; sabe que lo mandé matar! ¡Todo ha terminado! ¡Estoy perdido! ¡Acabado! ¡Me va a delatar!" David los despidió pronto a todos. Respiró despacio y profundo antes de decirle a su siervo:

—Trae a Natán a mi despacho privado.

De repente, aparece allí el profeta de ojos penetrantes, aquel santo hombre de Dios, Natán. David se hunde en la silla, blanco como un fantasma.

—¡Que Dios te bendiga, Natán! ¿En qué puedo servirte? ¡Dímelo!

Natán mira hacia otro lado y comienza a contarle a David acerca del horrible pecado de un rico que le había robado una corderita a alguien. ¡David se tranquiliza! "¡El no sabe! ¡No ha venido a delatarme! ¡Está enojado por el pecado de otra persona!" Ahora David es todo oídos. Contesta así a la historia de Natán:

—¿Quieres decir que ese rico egoísta y horrible tenía muchos rebaños y ganado, pero cuando llegó una visita y necesitó carne, robó la única corderita de un vecino pobre? ¿Esa corderita era su mascota, vivía en la casa, jugaba con los niños y dormía con ellos? ¿Y ese rico avaro y egoísta se robó la corderita? Te prometo Natán y vive el Señor que lo mataré. ¡Qué terrible! Le haré pagar cuatro veces el valor de la corderita. No te preocupes Natán. Le diré a mi capitán que traiga a ese hombre enseguida. ¿Cómo se llama? Dímelo. ¿Quién es?

Natán da la vuelta, mira a David a los ojos, lo señala con un dedo y le dice:

—Tú, David. ¡Tú eres el hombre! ¡Tú robaste a Betsabé! ¡Eres el asesino egoísta!

David se queda mudo. El terror se apodera de su corazón cuando Natán le grita:

—¿Por qué, pues, tuviste en poco la palabra de Jehová, haciendo lo malo delante de sus ojos? (2 Samuel 12:9).

Entonces vinieron estas palabras terribles:

—Haré levantar el mal sobre ti de tu misma casa, y tomaré tus mujeres delante de tus ojos, y las daré a tu prójimo (2 Samuel 12:11).

David grita:

—Pequé contra Jehová (2 Samuel 12:13).

David está aterrorizado, pero no por la profecía de Natán de que perderá sus mujeres. No, David recuerda lo que le pasó a Saúl a causa del pecado y la rebeldía. David había sido testigo del fracaso de aquel gran hombre; lo había visto enloquecido cuando la presencia de Dios lo dejó. Había llorado al ver al que fuera un poderoso hombre de Dios maldiciendo, viviendo en temor y sin esperanza. David sabía cual era el fin del hombre que pierde la presencia de Dios. Había visto el espíritu malo que poseía a Saúl. Entonces David clamó:

—¡Oh, Dios, reconozco mis rebeliones, y mi pecado está siempre delante de mí! Crea en mí, oh Dios, un corazón limpio, y renueva un espíritu recto dentro de mí. No me eches de delante de ti, y no quites de mí tu santo Espíritu (Salmo 51:3, 10, 11).

¿Qué le pasa a un hijo de Dios cuando su presencia lo deja?

Si los creyentes tomáramos en serio la experiencia de Saúl, clamaríamos al Señor como David: "¡Dame un corazón limpio! ¡No alejes de mí tu presencia!" Saúl es un ejemplo trágico de un cristiano que ha perdido la santa presencia de Dios.

Los siguientes son tres síntomas terribles de tal pérdida. El primer síntoma es un *espíritu deprimido y melancólico*. El Espíritu de Dios dejó a Saúl porque él no quiso obedecer los mandamientos del Señor. A Saúl se le ordenó que no hiciera nada antes de que Samuel llegara a Gilgal a buscar la voluntad de Dios y hacer sacrificios, pero Saúl se impacientó y tomó el asunto en sus propias manos. Entonces Dios lo dejó ". . . por cuanto tú no has guardado lo que Jehová te mandó" (1 Samuel 13:14). No tomó la Palabra de Dios en serio.

Le sobrevino un espíritu de envidia y celos, y se volvió inseguro. La multitud cantaba: "Saúl hirió a sus miles, y David a sus diez miles. . . Y desde aquel día Saúl no miró con buenos ojos a David. Aconteció al otro día, que un espíritu malo de parte de Dios tomó a Saúl, y él desvariaba en medio de la casa" (1 Samuel 18:7-10). Saúl corría por la casa rompiendo cosas en un ataque violento de locura. ¡Deliraba como un loco! Le arrojó la jabalina a David con intención de matarlo. "Mas Saúl estaba temeroso de David, por cuanto Jehová estaba con él, y se había apartado de Saúl" (1 Samuel 18:12).

No se puede decir nada peor de un hijo de Dios que "la presencia del Señor lo dejó". Toma su lugar un espíritu de desesperación y vacío, que causa irritación repentina, ataques de ira, celos, envidia y temor. El espíritu de melancolía de Saúl le hacía creer que los demás querían matarlo, que todos conspiraban contra él y que nadie lo amaba ni le tenía lástima. "Para que todos vosotros hayáis conspirado contra mí, y no haya quien me descubra al oído cómo mi hijo ha hecho alianza con el hijo de Isaí, ni alguno de vosotros que se duela de mí. . ." (1 Samuel 22:8). Ya desconfiaba de su propio hijo.

Un día de negra infamia, Saúl ordenó la ejecución de ochenta y cinco sacerdotes. Entonces causó la completa destrucción de la ciudad sacerdotal de Nob, inclusive las mujeres, madres e hijos. Saúl se convirtió en un intrigante y manipulador de personas. Su casa estaba dividida y alborotada. Como no podía dormir de noche, siempre estaba inquieto.

Hay un tipo de depresión causada por la falta de ciertas sustancias en el cerebro, que es estrictamente un problema médico. Pero muchos casos de depresión entre el pueblo de Dios se deben a la partida del Espíritu de Dios debido a la desobediencia de ellos. Como en el caso de Saúl, se vuelven irritables, celosos, envidiosos, manipuladores y odiosos.

Un segundo síntoma de la pérdida de la presencia de Dios son *las confesiones frecuentes y los movimientos poderosos ocasionales del Espíritu sin el consiguiente cambio de corazón.* Saúl siempre confesaba y decía: "¡He pecado! ¡Lo siento!" Lo dijo en Gilgal cuando desobedeció a Dios, perdonó la vida al mejor ganado y salvó al malvado rey Agag. Se lo dijo a David, después que este no quiso matarlo en la cueva: "Me has pagado con bien, habiéndote yo pagado con mal" (1 Samuel 24:17). Saúl se arrepintió otra vez en el collado de Haquila después que David se metió al campamento mientras los guardias de Saúl dormían y hurtó la lanza y la botella de agua de Saúl. Este clamó entonces: "He pecado; vuélvete, hijo mío David, que ningún mal te haré más . . ." (1 Samuel 26:21). Sin embargo, a pesar de todo eso, su corazón nunca cambió de veras; en realidad, se endureció más con cada confesión.

Cuando David escapó a Ramá para estar con Samuel y los profetas, Saúl fue allá a matarlo; pero el Espíritu de Dios vino sobre Saúl también "y siguió andando y profetizando hasta que llegó a Naiot en Ramá. Y él también se despojó de sus vestidos (de la cintura para arriba), y profetizó igualmente delante de Samuel, y estuvo desnudo todo aquel día y toda aquella noche" (1 Samuel 19:23, 24). Cuando se acercó al fuego de Dios, entre la gente santa, el Espíritu de Dios lo golpeó como un rayo. ¡Fue maravilloso! Todo el día y la noche alabó a Dios con expresiones de éxtasis y profetizó; pero cuando se levantó, volvió a su terquedad.

Así son muchos creyentes. En ocasiones, Dios se les acerca; entonces lloran y le prometen a Dios que las cosas van a cambiar. Dios les da períodos de fortalecimiento para acercarlos a El y oponerse al pecado, pero no cambian. No llevan una vida devota, ni estudian la Biblia, ni oran. La presencia de Dios no permanece en ellos. Pocas veces sienten que el Espíritu de Dios los cubre con sus alas.

El tercer síntoma de la falta de la presencia de Dios es una *vida confusa, sin guía y sin un mensaje personal de parte de Dios.* Una de las historias más tristes de la Biblia cuenta que Saúl buscó el consejo de la adivina de Endor porque Dios no quería responderle (véase 1 Samuel 28:5-20). Estas son las sombrías palabras de Saúl: "Dios se ha apartado de mí, y no me responde más. . ." (v. 15). Esa es la triste señal de un cristiano que ha perdido la presencia de Dios. Anda confuso y angustiado, en busca de una Palabra de Dios, consultando aun horóscopos y astrólogos, y cualquier cosa o persona que se diga profética.

¿Cómo se pierde la presencia de Dios?

Hoy en día, los creyentes pierden la presencia de Dios de la misma manera que el pueblo de Israel. Después que Israel fue salvo del Mar Rojo y todos sus enemigos fueron vencidos y quedaron muertos en el mar, ". . . el pueblo temió a Jehová, y creyeron a Jehová y a Moisés su siervo" (Exodo 14:31). Después que fueron salvos, prometieron darle a Dios una habitación, un lugar en su corazón para guardar su presencia. Toda la nación lo prometió: "Ha sido mi salvación. Este es mi Dios, y lo alabaré [le prepararé una habitación]. . ." (Exodo 15:2).

¡La presencia de Dios se pierde porque no se suple un lugar para mantenerla! Israel le prometió a Dios que nunca olvidaría su hora de liberación, que su corazón sería su tienda, su lugar de habitación y que siempre se acordarían. Esa es la comunión diaria. ¿No es eso lo que le prometimos a Dios cuando nos salvó? ¡Le daríamos todo el corazón! ¡Nuestro cuerpo sería su templo! ¡Su Palabra sería nuestra delicia! ¡Siempre seríamos agradecidos y oraríamos!

Sin embargo, Israel pasó por alto la presencia de Dios y olvidó su Palabra. Y así es en la actualidad. El pueblo de Dios se preocupa tan poco por su presencia que no le da tiempo ni lugar a su Espíritu. Rara vez visitan el aposento secreto de oración, que es su habitación, su tienda. Muchos citan el versículo: "Porque él dijo: No te desampararé, ni te dejaré" (Hebreos 13:5); pero más adelante, el versículo siete, conlleva el mandamiento de poner atención a la Palabra de Dios.

La presencia de Dios se pierde también cuando se erige la estatua del becerro de oro. Dios llamó a los israelitas reunidos alrededor del becerro de oro "pueblo terco". Esos israelitas representan a un pueblo que no se encierra con Dios, que no dedica tiempo ni lugar a la dulce comunión con El. Un pueblo del cual se alejen el Espíritu y la presencia de Dios es un pueblo al cual consumirá pronto la idolatría. No se debe ridiculizar a los israelitas que danzaban alrededor del becerro de oro. El creyente en Cristo no debe preguntar con lástima: ¿Cómo pudieron descender tan bajo?; pues el becerro de oro todavía está con nosotros.

¿Qué es el becerro de oro? Un símbolo. Representa un problema íntimo del corazón. Simboliza una indiferencia casual a los mandamientos de Dios. Con sus actos los israelitas dijeron: "¡No puede ser que

Dios cumpla lo que dice!" Sencillamente no tomaron en serio sus advertencias. ¿Por qué se volvió Israel tan despreocupado, casual, liviano y sin temor de la Palabra de Dios? Porque la voz profética estaba ausente. El profeta atronador no se veía por ninguna parte. No había ningún santo hombre de Dios allí en ese momento para reprenderlos. Sólo estaba Aarón, el sacerdote condescendiente con el pecado. Moisés estaba arriba en la montaña con Dios.

Así es hoy en día. Durante los últimos treinta años se ha predicado un evangelio de manga ancha. Sólo recientemente han aparecido los profetas. Esta falta de represión piadosa ha producido una indiferencia casual que permite al creyente beber el agua sucia de la mala doctrina sin convicción, ser indiferente al estudio de la Palabra de Dios y despreocupado de la adoración. Sí, el becerro de oro es un espíritu en el hijo de Dios, un espíritu de indiferencia.

¿Cómo se recobra y mantiene la presencia de Dios?

Como tantos creyentes descuidan la oración, la verdadera pregunta es: ¿Quiere usted, de veras, que la presencia de Dios lo acompañe? Porque, aunque usted no lo crea, Israel pudo haber avanzado a poseer todo lo que Dios prometió ¡sin su presencia! Israel pudo haberlo hecho, y muchos creyentes lo hacen hoy en día.

Dios le dijo a Moisés que sacara a su pueblo y lo guiara hasta entrar a la Tierra Prometida; El también dijo que un ángel los dirigiría, no El mismo ". . . pero yo no subiré en medio de ti, porque eres pueblo de dura cerviz, no sea que te consuma en el camino" (Exodo 33:3). ¡Piénselo! Todas las bendiciones de

Dios; todos sus derechos prometidos y la herencia completa, pero ¡sin su presencia! La presencia de ángeles, una tierra que fluye leche y miel, pero no la presencia de Dios.

Saúl perdió la presencia de Dios, pero Dios le permitió derrotar a los amalecitas. Saúl venció a los filisteos. Todavía era rey, pero ¡cuán terribles las consecuencias de quedar fuera de la presencia del Señor! En esta situación el pecado abunda, los ídolos toman posesión y la carne se apodera del trono. David había visto eso y entonces clamó: "No me eches de delante de ti, y no quites de mí tu Santo Espíritu" (Salmo 51:11). Moisés conocía tales consecuencias, por eso no quiso continuar sin la presencia de Dios. Le dijo a Dios: "Si tu presencia no ha de ir conmigo, no nos saques de aquí. ¿Y en qué se conocerá aquí que he hallado gracia en tus ojos, yo y tu pueblo, sino en que tu andes con nosotros, y que yo y tu pueblo seamos apartados de todos los pueblos que están sobre la faz de la tierra?" (Exodo 33:15-16).

Ocurrieron tres cosas antes de que regresara la columna de nube de la presencia de Dios: "Y oyendo el pueblo esta mala noticia [que Dios no iría con ellos], vistieron luto, y ninguno se puso sus atavíos. Y Moisés tomó el tabernáculo, y lo levantó lejos, fuera del campamento. . . Y cualquiera que buscaba a Jehová, salía al tabernáculo de reunión que estaba fuera del campamento. Cuando Moisés entraba en el tabernáculo, la columna de nube descendía. . ." (Exodo 33:4, 7, 9).

Primero, vistieron luto, lloraron, se entristecieron y arrepintieron al conocer la triste noticia de la partida de Dios. Aprendieron que Dios no habitaría con un pueblo terco que tuviera su Palabra en poca estima. Descubrieron que Dios cumple lo que dice. Aunque eran escogidos, Dios dijo que los dejaría.

Escuche su Palabra: "Convertíos a mí con todo vuestro corazón, con ayuno y lloro y lamento. Rasgad vuestro corazón, y no vuestros vestidos, y convertíos a Jehová vuestro Dios; porque misericordioso es y clemente, tardo para la ira y grande en misericordia, y que se duele del castigo. ¿Quién sabe si volverá y se arrepentirá y dejará bendición tras de él. . ." (Joel 2:12-14). Esa bendición es la presencia del Señor. ¿Dónde están aquellos creyentes que tomen su Palabra en serio, lloren, ayunen y busquen a Dios hasta que obtengan una promesa de su presencia?

Segundo, pusieron a un lado todos sus atavíos. El Señor dijo: "Quítate, pues, ahora tus atavíos, para que yo sepa lo que te he de hacer" (Exodo 33:5). Esto quiere decir que ellos tomaron medidas prácticas para poner a un lado todas las distracciones mundanas. Sus ornamentos eran réplicas de oro y plata de los dioses malvados de Egipto: Ratones, cabras y becerros que colgaban de cadenas. Su excusa era: "Yo no adoro esta cosa que llevo al cuello. Es sólo un pedazo de oro. No tiene significado; es sólo un recuerdo sentimental de Egipto." Sin embargo, Dios sabía que era algo más que eso. El profeta Sofonías advirtió que Dios juzgaría a tales israelitas: "Exterminaré. . . a los que se postran jurando por Jehová y jurando por Milcom" (Sofonías 1:4, 5). El pueblo de Dios había hecho ornamentos pequeños, imágenes del dios moabita y amonita Milcom [Moloc], el dios de los sacrificios humanos. Hasta entonces Dios había soportado con paciencia ese coqueteo, pero ahora el asunto era de vida o muerte. Sus amuletos pequeños les habían hecho construir un becerro de oro. Entonces Dios dijo: "¡Ya basta! Lo menos que pueden hacer es desprenderse de todo lo que los atrae, de todas las cosas a las que les sacrifican su tiempo."

Los creyentes decimos que queremos la presencia

de Dios, pero ni siquiera echamos a un lado las cosas que sabemos que apartan nuestra atención de El. Josué le ordenó al pueblo: "Ahora, pues, temed a Jehová, y servidle con integridad y en verdad; y quitad de entre vosotros los dioses. . ." (Josué 24:14). "Quitad" en hebreo significa "despedid vuestros dioses". Dios manda muy en serio: "No traerás cosa abominable a tu casa" (Deuteronomio 7:26); "no toques lo inmundo;" "no pongas ninguna cosa mala delante de tus ojos;" "anda delante de mí irreprensible." Por eso, se desprendieron de todo lo que ofendía a Dios.

Tercero, Moisés levantó una tienda fuera del campamento. Todavía no se había construido el tabernáculo. Aquella era un pabellón especial, un lugar de habitación para la presencia de Dios, situado fuera de toda distracción y lejos del campamento. Sólo los que de veras buscaban al Señor salían a la tienda de campaña. Moisés salía a diario y Josué nunca la dejó. Esa tienda representa el aposento secreto de oración del creyente. El hijo de Dios debe dejar atrás a su familia y su horario atareado de trabajo. Debe apartarse de todo para encontrarse con el Señor y buscar su rostro, pues Dios se lamenta de que ". . . no hay ya más quien levante mi tienda, ni quien cuelgue mis cortinas" (Jeremías 10:20).

Sólo entonces se resolvió el asunto: "Cuando Moisés entraba en el tabernáculo, la columna de nube descendía y se ponía a la puerta del tabernáculo, y Jehová hablaba con Moisés. . . Y él dijo: Mi presencia irá contigo, y te daré descanso" (Exodo 33:9, 14). Si usted de veras quiere la presencia de Dios, ¿dónde está su tabernáculo? ¿Por qué no busca a Dios? ¿Por qué no ora? ¿Por qué no estudia su Palabra? ¿Por qué es la iglesia su único lugar de comunicación con El? ¿No sabe de su presencia en usted, ni le interesa?

2

Oír la voz de Dios

Una de las mayores bendiciones que tiene un verdadero creyente es oír y conocer la voz de Dios. Es posible oír la voz de Dios hoy en día con la misma certeza y claridad como la oyeron Abraham y Moisés, Samuel y David, Pablo, Pedro, los Apóstoles, y con la claridad que la oyó Juan en la isla de Patmos. Dios ha prometido hacer conocer su voz con claridad por última vez durante estos días postreros. Nos ha dado una promesa y una advertencia acerca del oír su voz. Dios va a reunir un remanente separado y santo en una Sion espiritual y les va a dar a conocer su voz. "Sino que os habéis acercado al monte de Sion, a la ciudad del Dios vivo, Jerusalén la celestial, a la compañía de muchos millares de ángeles" (Hebreos 12:22).

Dios tiene este mensaje para todos los llamados: La voz de Dios que sacudió la tierra en generaciones pasadas se oirá con poder otra vez en una última sacudida. "La voz del cual conmovió entonces la tierra, pero ahora ha prometido, diciendo: "Aun una vez, y conmoveré no solamente la tierra, sino también el cielo" (Hebreos 12:26). Esta es la advertencia de Dios a sus hijos santos y creyentes: "Mirad que no desechéis al que habla. Porque si no escaparon aquellos que desecharon al que los amonestaba en la tierra, mucho menos nosotros, si desecháremos al que amonesta desde los cielos" (Hebreos 12:25).

¿Por qué está Dios sacando un pueblo de las iglesias muertas? ¿Por qué clama el Espíritu: "¡Sal de Babilonia, pueblo mío y no participes de sus pecados!"? Porque Dios debe tener un pueblo (una Sion) en estos postreros días de conflicto que no esté confundido ni llevado de un lado a otro por los vientos horribles de las doctrinas falsas. Ovejas que no sigan a pastores falsos y que conozcan la voz de su Maestro. Dios les habla con claridad y certidumbre y ¡ellas viven por su voz! Su voz las dirige, consuela y guía en todas las cosas. Esta es la característica sobresaliente de un pueblo santo: No se equivoca en cuanto a la voz de Dios. La conoce, la oye y ella lo gobierna. ¡Es una voz segura, firme e inconfundible!

Dios siempre ha tenido un pueblo guiado sólo por la voz de El. Adán y Eva "oyeron la voz de Jehová Dios" (Génesis 3:8). El pecado los hizo temer y ocultarse de aquella voz. "Oí tu voz en el huerto, y tuve miedo" (Génesis 3:10). Abraham se convirtió en padre de muchas naciones porque oyó y obedeció la voz de Dios. "En tu simiente serán benditas todas las naciones de la tierra, por cuanto obedeciste a mi voz" (Génesis 22:18). "Por cuanto oyó Abraham mi voz, y guardó mi precepto, mis mandamientos, mis estatutos y mis leyes" (Génesis 26:5). Moisés no hacía nada sin haber oído antes la voz de Dios: "El sonido de la bocina iba aumentando en extremo; Moisés hablaba, y Dios le respondía con voz tronante" (Exodo 19:19). "Y Jehová dijo a Moisés" (Exodo 19:21). "Moisés dijo a Jehová" (Exodo 19:23). "Y Jehová le dijo" (Exodo 19:24). "Y habló Dios" (Exodo 20:1). Moisés y Dios se hablaban como amigos íntimos.

Dios siempre ha buscado un pueblo que honre y tema su voz. Dios le dijo a Moisés: "Reúneme el pueblo, para que yo les haga oír mis palabras, las cuales aprenderán, para temerme todos los días que vivieren sobre la tierra, y las enseñarán a sus hijos" (Deuteronomio 4:10). "Y habló Jehová con vosotros de en medio del fuego; oísteis la voz de sus palabras, mas a excepción de oír la voz, ninguna figura visteis" (Deuteronomio 4:12). "¿Ha oído pueblo alguno la voz de Dios, hablando de en medio del fuego, como tú la has oído, sin perecer?" (Deuteronomio 4:33). "Desde los cielos te hizo oír su voz, para enseñarte. . . y has oído sus palabras" (Deuteronomio 4:36). "Y dijisteis. . . hemos oído su voz. . . hoy hemos visto que Jehová habla al hombre, y éste aún vive" (Deuteronomio 5:24).

Muchas personas del pueblo de Dios no quieren la responsabilidad de oír directamente la voz de Dios.

El pueblo de Israel quería la voz de Dios filtrada a través de un siervo santo. "Ahora, pues, ¿por qué vamos a morir? Porque este gran fuego nos consumirá; si oyéremos otra vez la voz de Jehová nuestro Dios, moriremos. Porque ¿qué es el hombre, para que oiga la voz del Dios viviente que habla de en medio del fuego, como nosotros la oímos, y aún viva? Acércate tú, y oye todas las cosas que dijere Jehová nuestro Dios; y tú nos dirás todo lo que Jehová nuestro Dios te dijere, y nosotros oiremos y haremos" (Deuteronomio 5:25-27). ¡El pueblo actual de Dios no es muy diferente del de entonces! Todavía tiene miedo de asumir la responsabilidad de encerrarse con Dios para oír su voz. El Señor quería que cada israelita conociera y oyera su voz. Les hizo saber que El es un Dios que habla: "Hoy hemos visto que Jehová habla al hombre, y éste aún vive."

No es una sorpresa, pues, que millares se descarríen. Ponen hasta la propia vida en manos de un maestro o pastor, que se vuelve su dios, y todo lo que él oiga o enseñe llega a ser su voz de Dios. Aun el santo y humilde Moisés "habló precipitadamente con sus labios" (Salmo 106:33) y representó mal la santidad de Dios. Por consiguiente, aunque su maestro sea tan humilde y santo como Moisés, su voz no es infalible. ¡Hay que conocer y oír la voz de Dios directamente para poder juzgar lo que se enseña!

¿Por qué hay millares emocionados con evangelios nuevos que blasfeman de la Cruz y enseñan que la sangre de Jesucristo no expió el pecado? Porque sólo oyen la voz del hombre. No conocen la voz del verdadero Maestro, pues, si la conocieran, estarían lamentándose, no aplaudiendo tales doctrinas falsas. ¡La destrucción es la consecuencia de desconocer o desobedecer la voz de Dios! "Como las naciones que Jehová destruirá delante de vosotros, así pereceréis, por cuanto no habréis atendido a la voz de Jehová vuestro Dios" (Deuteronomio 8:20).

Samuel oyó con claridad la voz de Dios. Lo que oyó fue tan claro que "no dejó caer a tierra ninguna de sus palabras" (1 Samuel 3:19). "Porque Jehová se manifestó a Samuel en Silo por la palabra de Jehová. Y Samuel habló a todo Israel" (1 Samuel 3:21; 4:1). ¡David oyó a Dios y, a su vez, habló con Dios! La voz de Dios era su gozo y vida. David dijo: "Dios ha dicho en su santuario: Yo me alegraré" (Salmo 60:6). "El Espíritu de Jehová ha hablado por mí, y su palabra ha estado en mi lengua. . . Me habló la Roca de Israel" (2 Samuel 23:2-3).

Hay muchos en la actualidad que no creen que Dios todavía les habla a los hombres. Dicen que El habla solamente a través de su Palabra, que todo lo que

Dios quiera o necesite decir está encerrado en el canon de las Sagradas Escrituras. Es verdad que Dios nunca dirá ni una palabra contraria a las Escrituras, sin embargo "Dios. . . en estos postreros días nos ha hablado por el Hijo" (Hebreos 1:1-2). ¡Su Hijo todavía les habla a sus hijos! El dijo que sus ovejas conocen su voz y no atienden a la voz de otro. Sabemos que Dios habló a los hombres en tiempos pasados por el Antiguo Testamento, pero ¿qué del Nuevo Testamento y de los días postreros?

Dios le habló a Saulo en el camino a Damasco: "Repentinamente le rodeó un resplandor de luz del cielo; y cayendo en tierra, oyó una voz que le decía: Saulo, Saulo, ¿por qué me persigues?" (Hechos 9:3, 4). Por el resto de su vida, Pablo testificó: "Oí su voz." Delante del rey Agripa dijo: "Oí una voz que me hablaba, y decía en lengua hebrea. . . y el Señor dijo. . . levántate. . . porque para esto he aparecido a ti" (Hechos 26:14-16). Pedro oyó y obedeció la voz de Dios. Mientras oraba, Dios le habló: "Y oí una voz que me decía: Levántate, Pedro, mata y come. Y dije: Señor, no. . . Entonces la voz me respondió del cielo por segunda vez. . . Y esto se hizo tres veces" (Hechos 11:7-10).

Jesucristo le pide a la iglesia de Laodicea que oiga su voz y le abra la puerta: "He aquí, yo estoy a la puerta y llamo; si alguno oye mi voz y abre la puerta, entraré a él, y cenaré con él, y él conmigo" (Apocalipsis 3:20). Este asunto de oír la voz de Dios es muy serio. Déjeme contarle lo que creo que el Espíritu Santo me ha revelado en cuanto a oír su voz.

¡No todo aquel que dice: "Dios me dijo", ha oído la voz verdadera de Dios!

Existe un malentendido trágico en la Iglesia sobre oír la voz de Dios. La expresión más común que se oye en los círculos religiosos hoy en día es: "¡Dios me dijo!" Pablo advierte que hay muchas voces que insisten en ser oídas. "Tantas clases de idiomas hay, seguramente, en el mundo, y ninguno de ellos carece de significado" (1 Corintios 14:10).

En el corazón se oyen los gritos de muchas voces, y todas ellas quieren pasar por la propia voz de Dios. Si uno confía en cualquiera de esas voces, sin ponerlas todas a prueba por la Palabra de Dios, se descarría. Son las voces de la carne, la voluntad terca, la del enemigo y del mundo. Todas son dulces, suaves y prometen: "¡Es Dios quien habla!"

Permítame decirle quién será engañado con seguridad: El creyente en Cristo que piensa que no lo pueden engañar; el que antes oyó de veras, pero ahora se mueve por impresiones y voces que no han resultado de la oración privada. ¡No somos infalibles y no todos los mensajes que recibimos vienen de Dios!

Muchos profetas claman: "¡Así dice el Señor!" cuando Dios no les ha hablado en absoluto. Hablan lo que les parece, no el parecer de Dios. "Vino a mí palabra de Jehová, diciendo: Hijo de hombre, profetiza contra los profetas de Israel que profetizan, y di a los que profetizan de su propio corazón: Oíd palabra de Jehová. Así ha dicho Jehová el Señor: ¡Ay de los profetas insensatos, que andan en pos de su propio espíritu, y nada han visto! Como zorras en los desiertos fueron tus profetas, oh Israel. No habéis subido a las brechas, ni habéis edificado un muro alrededor de la casa de Israel, para que resista firme en la batalla en el día de Jehová. Vieron vanidad y adivinación mentirosa. Dicen: Ha dicho Jehová, y Jehová no los envió; con todo, esperan que él confirme la palabra de ellos. ¿No habéis visto visión vana, y no habéis dicho adivinación mentirosa, pues que decís: Dijo Jehová, no habiendo yo hablado? Por tanto, así ha dicho Jehová el Señor: Por cuanto vosotros habéis hablado vanidad, y habéis visto mentira, por tanto, he aquí yo estoy contra vosotros, dice Jehová el Señor" (Ezequiel 13:1-8).

No sólo hay profetas sino multitud de creyentes que no entienden que sus propios deseos son los que hablan. Están convencidos de que es la voz de Dios cuando es todo vanidad; un deseo del corazón que se disfraza como voz de Dios. Dios dice: "¡Han sido engañados; yo no he hablado!"

Dios no le habla a nadie que tenga pecados ocultos, tales como el orgullo, la ambición o la lujuria. "Falsamente profetizan los profetas en mi nombre; no los envié, ni les mandé, ni les hablé; visión mentirosa, adivinación [revelación], vanidad y engaño de su corazón os profetizan" (Jeremías 14:14). "No envié yo aquellos profetas, pero ellos corrían; yo no les hablé, mas ellos profetizaban. . . Profetizan el engaño de su corazón. . . He aquí que yo estoy contra los profetas que endulzan sus lenguas y dicen: El ha dicho. He aquí, dice Jehová, yo estoy contra los que profetizan sueños mentirosos, y los cuentan, y hacen errar a mi pueblo con sus mentiras. . . ningún provecho hicieron a este pueblo. . . pervertisteis las palabras del Dios viviente. . . yo os echaré en olvido, y arrancaré de mi presencia" (Jeremías 23:21-39).

¡Nadie puede oír la voz de Dios con un ídolo o tropiezo en el corazón!

La voz de Dios no vendrá a los que abriguen ídolos de pecado. "Estos hombres han puesto sus ídolos en su corazón, y han establecido el tropiezo de su maldad delante de su rostro. ¿Acaso he de ser yo en modo alguno consultado por ellos? Háblales, por tanto, y diles: Así ha dicho Jehová el Señor: Cualquier hombre de la casa de Israel que hubiere puesto sus ídolos en su corazón, y establecido el tropiezo de su maldad delante de su rostro, y viniere al profeta, yo Jehová responderé al que viniere conforme a la multitud de sus ídolos... y pondré mi rostro contra aquel hombre, y le pondré por señal y por escarmiento, y lo cortaré de en medio de mi pueblo; y sabréis que yo soy Jehová. Y cuando el profeta fuere engañado y hablare palabra, yo Jehová engañé al tal profeta; y extenderé mi mano contra él, y lo destruiré de en medio de mi pueblo Israel. Y llevarán ambos el castigo de su maldad; como la maldad del que consultare, así será la maldad del profeta" (Ezequiel 14:3, 4, 8-10).

"Yo Jehová engañé al tal profeta." Aun sabiendo que están en pecado, vienen para oír la voz de Dios. Dios les permitirá que oigan palabras engañosas. Lo que oigan será un castigo y se añadirá a sus penas. ¡Dios le responde al hombre conforme a sus ídolos! Así es. Se oyen voces y profecías; se va a profetas falsos que hablen palabras placenteras de paz y prosperidad; ¡precisamente lo que la carne quiere oír! Pero será un engaño completo porque el hombre no quiere dejar su pecado habitual, su ídolo favorito. Piensa que Dios le habla, pero es un juicio "ya que se han apartado de mí todos ellos por sus ídolos" (Ezequiel 14:5).

Sólo los que se encierran con Dios en oración secreta oyen su voz. Dios selecciona con mucho cuidado a las personas a quienes habla. Habla sólo a los que valoran su voz tanto que se apartan de todo el mundo para estar a solas y esperarlo. La voz de Dios vino a Moisés cuando estaba a solas con El. La palabra vino a Juan el Bautista solo en el desierto. Jacob oyó la voz de Dios en el desierto de Harán. Dios le habló a Josué cuando salió solo del campamento frente a Jericó. La voz de Dios vino a Pablo cuando estaba solo en el desierto. La voz del Padre vino a Jesucristo cuando oraba solo en el monte.

Dios nos dice: "Si quieres oír mi voz, enciérrate a orar en tu aposento. Ora a mí en secreto y te recompensaré." Las muchas ocupaciones, la codicia, la avaricia y las preocupaciones de la vida ahogan la voz de Dios. Jesucristo nos dio una advertencia terrible contra las muchas ocupaciones que nos impiden detenernos a oír su voz. En la parábola del sembrador, la Palabra es su voz: "Estos son los que fueron sembrados entre espinos: los que oyen la palabra, pero los afanes de este siglo, y el engaño de las riquezas, y las codicias de otras cosas, entran y ahogan la palabra, y se hace infructuosa" (Marcos 4:18, 19).

Me temo que hay personas leyendo esto ahora que han estado ahogando la voz de Dios. En otra ocasión, Dios les habló con mucha claridad y fue un gozo muy grande. Todavía lo aman, pero tienen cada vez menos tiempo para El. Su ocupación los llama ahora; sus riquezas, preocupaciones, problemas y todo lo demás consumen su tiempo. La voz de Dios se va apagando. El los llama, los atrae y les advierte: "¡Si sigues haciendo esto, vas a ahogar y apagar mi voz en ti por completo!"

Uno puede llegar a estar tan ocupado y atareado con problemas y preocupaciones, que de nada le sirve oír la voz de Dios. Cristo dijo que se haría infructuosa. Uno no escucharía. Sería una voz desperdiciada y sin efecto. No es como la persona que oye al lado del camino a quien llega Satanás y le quita la voz de Dios. ¡No! Esta persona tiene autoridad espiritual; la Palabra ya ha echado raíces, lo cual quiere decir que la voz era conocida. Satanás ha sido expulsado, pero ahora no es él quien estorba, sino las ocupaciones que uno mismo se impone. Son los afanes, la precipitación en todo momento, sin dejar tiempo para ocultarse con El a discernir su voz apenas perceptible y calmada. En el ajetreo constante ya no se oye la voz de Dios. Ahora, la carne habla todo el tiempo y los deseos humanos adquieren voz. Lo que se desea se convierte entonces en la voluntad de Dios para ellos; lo que se supone pasa ahora por discernimiento. Tal oyente espinoso supone que todas las voces son de Dios y como son tan altas, claras y frecuentes, piensa que debe ser Dios el que habla.

Le digo a usted que aquella no es la voz de Dios ni el discernimiento del Espíritu Santo, a menos que haya nacido en el aposento secreto, de una comunión profunda, un espíritu quebrantado y mucho tiempo pasado a solas en su presencia. Estoy convencido de que todo el pueblo de Dios podría oír su voz calmada y apacible si tan sólo se apartara del pecado y los ídolos y se encerrara con El solo, y ¡no saliera hasta que El hablara!

Dios nos ofrece una palabra vivificadora y fresca para cada nuevo día.

Dios habla una palabra fresca cada día a todos los que quieran oír; pero muchos no pueden oírla porque su corazón se está endureciendo. En la carta a los Hebreos dice: "Si oyereis hoy su voz, no endurezcáis vuestros corazones" (Hebreos 3:7, 8). La voz de Dios es para "hoy". Es una voz al momento que El desea que oigamos. Cristo nos advirtió acerca de los oyentes pedregosos: "Estos son asimismo los que fueron sembrados en pedregales: los que cuando han oído la palabra, al momento la reciben con gozo; pero no tienen raíz en sí, sino que son de corta duración, porque cuando viene la tribulación o la persecución por causa de la palabra, luego tropiezan" (Marcos 4:16,17). A este le gusta oír y recibe todo lo que Dios dice con alegría, pero la Palabra no penetra. La voz de Dios no los cambia. Permanecen inquebrantables y su corazón se sigue petrificando. ¿Dónde están los corazones de piedra? ¿En la cárcel, las calles, los prostíbulos o los teatros pornográficos? Lo más triste es que los corazones más duros se pueden encontrar en la casa de Dios, entre los que ¡ni siquiera saben que se están endureciendo!

Quiero decirle cómo los creyentes desarrollan un corazón duro. Se oponen a que la voz de Dios doblegue su voluntad intransigente. Oyen la voz de Dios en su Palabra, la predicación y algunas veces aun su voz susurrante y calmada. ¡Sin embargo, no la obedecen! La Palabra no puede arraigarse, pero hay aun algo peor. Todos los días Dios llama a su pueblo al aposento secreto de la oración porque El les quiere hablar de la obediencia, los problemas personales, para guiarlos y hablarles del futuro. "Aunque os hablé desde temprano y sin cesar, no oísteis, y os llamé, y no respondisteis" (Jeremías 7:13). Cada vez que rehusamos esa llamada y nos dedicamos más bien a nuestros propios intereses y negocios, poniendo otras cosas primero que Dios, perdemos un día de audiencia; cada día que no queremos escuchar, el corazón se nos enfría más y más. Cada vez que escuchamos otra voz en vez de esperar para oír su voz, nos endurecemos un poco más.

Cuando no queremos disciplinarnos para estar a solas con Dios y oír su voz, nos apartamos de esa voz. Es vergonzoso lo que pasa en tantas iglesias de la actualidad con tantas personas que ya no pueden reconocer la voz de Dios. El Señor ve que se están endureciendo pero todavía los ama y se interesa por ellos. Entonces les dirige la luz de su Espíritu Santo que les trae un mensaje quemante y penetrante, una voz de trueno, para despertarlos. Sin embargo, el mensaje los ofende; la propia Palabra de Dios que tiene el propósito de libertarlos los ofende y ¡ellos se enojan y se secan! "Cuando el sol sale se queman y marchitan."

Al contrario, el creyente verdadero que oye la Palabra de Dios, que conoce su voz, nunca puede sentirse ofendido por ella. Sabe que viene de Dios y la recibe como su propia fuente de vida y crecimiento. A los que no se encierran con Dios, que no quieren obedecer su voz, les irrita y aflige pronto cualquier palabra fuerte que les exija aun más obediencia.

Uno puede volverse de corazón duro, marchitarse y morir espiritualmente con sólo permanecer aparte del lugar donde Dios habla. Si uno sólo viene a la iglesia, alaba a Dios, es bueno y hace todo lo correcto, todavía podría marchitarse y morir aunque le guste la predicación. Cada individuo debe oír de Dios por separado. Debe oír su voz y ser guiado por El de modo personal. Debe oír su palabra a sus espaldas que diga: "Este es el camino, andad por él" (Isaías 30:21).

El deseo de Dios para su remanente santo es que su gozo mayor sea el sonido de su voz.

"El que tiene la esposa, es el esposo; mas el amigo del esposo, que está a su lado y le oye, se goza grandemente de la voz del esposo; así pues, este mi gozo está cumplido" (Juan 3:29). Nuestro mayor gozo debería ser: "¡Oí su voz! ¡Estaba solo, esperando, y oí cuando me habló el Señor!" En el Cantar de los cantares de Salomón, se escucha un dueto de amor conyugal. El esposo le ruega a su esposa que se oculte en un lugar secreto con El: "Paloma mía, que estás en los agujeros de la peña, en lo escondido de escarpados parajes, muéstrame tu rostro, hazme oír tu voz; porque dulce es la voz tuya" (Cantar de los cantares 2:14). Más adelante, ella responde: "Es la voz de mi amado que llama: Abreme. . . amiga mía, paloma mía" (Cantar de los cantares 5:2).

A aquellos cuyo corazón se ha enfriado, que ya no pueden oír su voz, Dios ha prometido darles un corazón tierno y nuevo si se arrepienten y se vuelven a El por la fe. El corazón endurecido no está desahuciado, esto es, ¡si uno quiere cambiar! No es algo que Dios le hizo a uno, sino que uno mismo se lo causó al dejar afuera la Palabra de Dios. Esta es la promesa: "Y volverán allá, y quitarán de ella todas sus idolatrías y todas sus abominaciones. Y les daré un corazón, y un espíritu nuevo pondré dentro de ellos; y quitaré el corazón de piedra de en medio de su carne, y les daré un corazón de carne, para que anden en mis ordenanzas, y guarden mis decretos y los cumplan, y me sean por pueblo, y yo sea a ellos por Dios" (Ezequiel 11:18-20).

Y también: "Esparciré sobre vosotros agua limpia, y seréis limpiados de todas vuestras inmundicias; y de todos vuestros ídolos os limpiaré. Os daré corazón nuevo, y pondré espíritu nuevo dentro de vosotros; y quitaré de vuestra carne el corazón de piedra, y os daré un corazón de carne. Y pondré dentro de vosotros mi Espíritu, y haré que andéis en mis estatutos, y guardéis mis preceptos, y los pongáis por obra" (Ezequiel 36:25-27).

¡Cuando no oyen la voz de Dios, los hombres van a donde Dios no los envía!

Cuando no oyen la voz de Dios, los hombres se afanan y trabajan por El sin ser enviados; ¡están por cuenta propia! Yo pasé por ahí; hice lo bueno, acepté retos, con la completa certidumbre de que estaba luchando contra los obradores de iniquidad. Terminé con una deuda de miles de dólares, cansado y desilusionado, pidiendo socorro a cada vuelta. Dios no me había enviado. No podía entender. Estaba quebrantado, cargado y con muchos deseos de darme por vencido. Mi obra no era fruto de la oración, sino de la compasión humana. ¡No era conforme al método de Dios!

No obstante, desde cuando dije: "¡No más, Señor! ¡Ni un paso más, a menos que tú lo mandes; ningún movimiento hasta que se oiga tu voz!" el dinero que se ha necesitado, se ha obtenido, porque Dios sustenta todo lo que origina. Es un gozo sin carga, y paz sin ruegos. La mendicidad de ciertos ministerios actuales es el fruto de los hombres que hacen lo bueno sin ser enviados por la voz de Dios. Confunden sus propios deseos con la voz de Dios.

Jesucristo no emprendía nada excepto lo que hubiera oído del cielo. "Nada hago por mí mismo, sino que según me enseñó el Padre, así hablo" (Juan 8:28). "Yo, lo que he oído de él, esto hablo al mundo" (Juan 8:26). "El Padre que me envió, él me dio mandamiento de lo que he de decir, y de lo que he de hablar. . . Así pues, lo que yo hablo, lo hablo como el Padre me lo ha dicho" (Juan 12:49, 50).

Los cuatro principios siguientes nos ayudan a oír correctamente la voz de Dios:

1. Su voz siempre nos lleva a Cristo y saca a luz todo pecado y codicia. Juan oyó su voz y dijo: "Cuando le vi, caí. . . a sus pies" (Apocalipsis 1:17).

2. Su presencia (o rostro) siempre acompaña a su voz.

Nos sentiremos subyugados y llenos de gozo por la gloria de su presencia.

3. Su voz nos dará la certeza de las Escrituras. El Espíritu Santo nos guiará a la confirmación en su Palabra. Todo lo que Dios hable debe estar de acuerdo en todos los puntos con las Sagradas Escrituras.

4. Todo lo que El hable se sostendrá ante el trono del juicio de Cristo en toda su pureza y abnegación.

3

¡Una enramada en la azotea!

En nuestra iglesia hemos dedicado este año a orar por un avivamiento. Cuando decimos "avivamiento" no pensamos en una gran agitación emocional, con gente que viene de muchos kilómetros a la redonda a ver algo sensacional. Al contrario, queremos un pueblo preparado en santidad para que sea habitación de la presencia de Dios. ¡Queremos un avivamiento de la santa presencia del Señor, en que las cosas sean tan agradables a Dios, que El descienda a satisfacer toda necesidad y se revele su gloria! En el capítulo ocho de Nehemías, se encuentran lo que llamo "las cinco pruebas absolutas de avivamiento".

No se puede llamar avivamiento ni despertamiento a menos que todas las cinco pruebas se presenten. Nehemías es un libro de avivamiento. Es la historia de 42.360 judíos que regresaron a Jerusalén del exilio en Babilonia a reconstruir los muros y volver a las sendas antiguas de santidad y culto verdaderos. Su salida de Babilonia es un prototipo de los creyentes que dejan las iglesias muertas, transigentes y mundanas para ir adelante con un remanente a la Santa Sion, para volver a los caminos antiguos, y seguir adelante con un pueblo y unos pastores que anden en la verdad. Ese remanente santo se esforzó y trabajó en unidad para sacar la basura y la suciedad que habían contaminado a Jerusalén. Reconstruyeron las paredes desmoronadas y levantaron las puertas. Es lo que hacemos en nuestra iglesia: Sacamos la basura acumulada de doctrinas falsas, materialismo, pecado y transigencia del púlpito y las bancas. Reconstruimos los muros que se han derrumbado. Los poderes satánicos han saqueado y robado a centenares de hijos de Dios; los hogares y matrimonios han estado en dificultades; muchos se han vuelto atrás y mueren de hambre por la Palabra de Dios. Hemos estado trabajando juntos para levantar los muros y las puertas y dejar al enemigo afuera. Dios ha reunido un remanente de todos los que han escapado de Babilonia y están listos a cubrir las cinco grandes etapas de restauración y avivamiento.

La primera evidencia de avivamiento es un deseo muy grande de oír y obedecer la Palabra del Señor.

"Y se juntó todo el pueblo como un solo hombre en la plaza que está delante de la puerta de las Aguas, y dijeron a Esdras el escriba que trajese el libro de la ley de Moisés, la cual Jehová había dado a Israel. Y el sacerdote Esdras trajo la ley delante de la congregación, así de hombres como de mujeres y de todos los que podían entender, el primer día del mes séptimo. Y leyó en el libro delante de la plaza que está delante de la puerta de las Aguas, desde el alba hasta el mediodía, en presencia de hombres y mujeres y de todos los que podían entender; y los oídos de todo el pueblo estaban atentos al libro de la ley. . . . Abrió, pues, Esdras el libro a ojos de todo el pueblo. . . y cuando lo abrió, todo el pueblo estuvo atento" (Nehemías 8:1-5). El clamor de su corazón era: "¡Tráenos la Palabra verdadera del Señor!" Ezra estaba en pie en un púlpito de madera, elevado, y leyó la Palabra de Dios durante seis horas mientras la multitud estuvo atenta, aprendiendo que la causa de su sufrimiento era su propia terquedad y rebeldía.   La prueba más segura de avivamiento en un alma, iglesia o ciudad es un deseo profundo de la Palabra de Dios. Los cristianos descarriados no quieren oír la Palabra, pues les aburre. Lo que quieren es diversión. Los predicadores descarriados no predican mucho de la Palabra de Dios; al contrario, dan sermones cortos. No predican la Ley porque eso produce convicción y sacude la iglesia. Hace que los transigentes se retuerzan. Donde obra el Espíritu Santo, la gente de las bancas clama por la Palabra.

Recibo centenares de cartas de santos desnutridos que claman: "Tenemos tanta hambre. No escuchamos la Palabra verdadera. Recibimos la letra muerta sin unción." Donde Dios obra, hay Biblias por todas partes. Hay emoción en la predicación y la enseñanza con una reverencia verdadera por la Palabra. Se ama y honra la Palabra. Es triste que en muchas iglesias carismáticas, apenas se soporta la predicación. Esperan con ansiedad que termine para pasar a la alabanza y la adoración. Es música, diversión y cantantes especiales lo que quieren. Cuando el Espíritu Santo venga, ya no habrá evangelistas ni maestros famosos en el escenario, sino la Palabra proclamada. Su grito será: "Señor, lo quiero todo: Lo bueno, lo malo, los mandamientos, las promesas y todo el consejo de Dios."

La segunda prueba del avivamiento es un arrepentimiento con compunción de corazón.

"Bendijo entonces Esdras a Jehová, Dios grande. Y todo el pueblo respondió: ¡Amén! ¡Amén! alzando sus manos; y se humillaron y adoraron a Jehová inclinados a tierra. . . . Y leían en el libro de la ley de Dios claramente, y ponían el sentido, de modo que entendiesen la lectura. Y Nehemías. . . y el sacerdote Esdras, escriba, y los levitas que hacían entender al pueblo, dijeron a todo el pueblo: Día santo es a Jehová nuestro Dios; no os entristezcáis, ni lloréis; porque todo el pueblo lloraba oyendo las palabras de la ley" (Nehemías 8:6-9). Su primera reacción a la Palabra fue de emoción y gozo. Clamaban: "Amén, amén, alzando sus manos." David dijo: "Alzad vuestras manos al santuario, y bendecid a Jehová" (Salmo 134:2).

La Palabra pronto hizo que se humillaran. El arrepentimiento es verdadero cuando la Palabra de Dios nos hace adorar inclinados a tierra. "Se humillaron y adoraron a Jehová inclinados a tierra." "Todo el pueblo lloraba oyendo las palabras de la ley." ¡Temblaron ante la Palabra de Dios, la recibieron de todo corazón y se arrepintieron!

Cuando viene un avivamiento del Espíritu Santo, los cristianos no guardan rencores; no hacen chismes, ni murmuran, ni encuentran faltas en los demás. No tratan de enderezar las iglesias ni a los pastores. No haraganean en frente del televisor. ¡No! Más bien inclinan el rostro delante de Dios y lloran, porque la Palabra les ha tocado el corazón. No juzgan ni se fijan en los otros. ¡La Palabra de Dios los convence de que no se portan como debieran!

La tercera señal de avivamiento es un espíritu increíble de gozo y celebración.

"Luego les dijo: Id, comed grosuras, y bebed vino dulce, y enviad porciones a los que no tienen nada preparado; porque día santo es a nuestro Señor; no os entristezcáis, porque el gozo de Jehová es vuestra fuerza. Los levitas, pues, hacían callar a todo el pueblo, diciendo: Callad, porque es día santo, y no os entristezcáis. Y todo el pueblo se fue a comer y a beber, y a obsequiar porciones, y a gozar de grande alegría, porque habían entendido las palabras que les habían enseñado" (Nehemías 8:10-12).

Dondequiera que se haya restaurado el amor a la Palabra de Dios y haya arrepentimiento, y donde exista la propia mortificación por el pecado, siempre resultará una onda poderosa de gozo y celebración. No obstante, hay una clase de gozo engañoso y celebración falsa en la tierra hoy en día: Es la celebración del "yo" y la idolatría; el danzar alrededor del becerro de oro. Necesitamos mucho discernimiento para conocer la diferencia entre el gozo verdadero del arrepentimiento y el regocijo falso de los idólatras.

Cuando Moisés y Josué descendieron del monte oyeron una gran gritería en el campamento: "No es voz de alaridos de fuertes, ni voz de alaridos de débiles; voz de cantar oigo yo" (Exodo 32:18). Gritaban, cantaban y bailaban y Moisés sabía con seguridad que eso era producto de la carne. Sabía que eran un pueblo de dura cerviz, rebelde, lleno de lujuria, fornicación, desnudez y sensualidad. ¡Era el grito de la idolatría!

¿Puede usted decirme la diferencia? Si no hay predicación de la Ley para convencer de pecado; si no hay lloro ni humillación; si no hay amor por la Palabra reprobadora de Dios, ni arrepentimiento, entonces no hay clamores espirituales, ni cantos piadosos. ¡Tenga cuidado! Tal vez se vea atrapado en el canto de la idolatría. ¿Por qué había tan grande regocijo y espíritu festivo de gozo en ese avivamiento del libro de Nehemías? Tenían una gran felicidad ". . . porque habían entendido las palabras que les habían enseñado" (Nehemías 8:12). En otras palabras, las comprendieron y las guardaron en el corazón: ¡obedecieron!

¡La cuarta prueba del avivamiento es una enramada en la azotea!

"Al día siguiente se reunieron los cabezas de las familias de todo el pueblo, sacerdotes y levitas, a Esdras el escriba, para entender las palabras de la ley. Y hallaron escrito en la ley que Jehová había mandado por mano de Moisés, que habitasen los hijos de Israel en tabernáculos en la fiesta solemne del mes séptimo; y que hiciesen saber, y pasar pregón por todas sus ciudades y por Jerusalén, diciendo: Salid al monte, y traed ramas de olivo, de olivo silvestre, de arrayán, de palmeras y de todo árbol frondoso, para hacer tabernáculos, como está escrito. Salió, pues, el pueblo, y trajeron ramas e hicieron tabernáculos, cada uno sobre su terrado, en sus patios, en los patios de la casa de Dios, en la plaza de la puerta de las Aguas, y en la plaza de la puerta de Efraín. Y toda la congregación que volvió de la cautividad hizo tabernáculos, y en tabernáculos habitó; porque desde los días de Josué hijo de Nun hasta aquel día, no habían hecho así los hijos de Israel. Y hubo alegría muy grande" (Nehemías 8:13-17).

Se restauró la Palabra del Señor y el arrepentimiento y la obediencia eran verdaderos. El gozo del Señor se había convertido en su fortaleza, pero faltaba algo: ¡Los tabernáculos! ¡No puede haber un avivamiento perdurable y real, ni plenitud de Dios, hasta que erijamos un tabernáculo! Este es verdaderamente el mensaje para estos postreros días.

Los líderes, los sacerdotes y los levitas se reunieron con Esdras para examinar las Escrituras y ver lo que Dios quería que hicieran. Hallaron algo que el Señor había ordenado años antes, un mandamiento perpetuo que se había echado al olvido desde los días de Josué. Lo encontraron en Levítico 23:40-43: "Tomaréis el primer día ramas con fruto de árbol hermoso, ramas de palmeras, ramas de árboles frondosos, y sauces de los arroyos, y os regocijaréis delante de Jehová vuestro Dios por siete días. Y le haréis fiesta a Jehová por siete días cada año; será estatuto perpetuo por vuestras generaciones; en el mes séptimo la haréis. En tabernáculos habitaréis siete días; todo natural de Israel habitará en tabernáculos, para que sepan vuestros descendientes que en tabernáculos hice yo habitar a los hijos de Israel cuando los saqué de la tierra de Egipto. Yo Jehová vuestro Dios."

Durante siete días el pueblo de Dios debía erigir una habitación temporal (en hebreo "sukkah") hecha con un techo de varias ramas. Se les ordenó que vivieran en sus enramadas durante siete días. El periódico *New York Times* dedicó una sección entera a la explicación de la manera de construir una "sukkah". En la ciudad de Nueva York, las construyen en balconcitos, patios y azoteas desde el fin de septiembre hasta la primera semana de octubre. De los 613 mandamientos judíos, este todavía se considera como uno de los más importantes. Los judíos ortodoxos lo practican con rigor. El vivir en la enramada todavía significa: "Sólo estamos de paso por este mundo; pernoctando solamente; así que no debemos preocuparnos de sus placeres y vanidades." La "sukkah" es tan sagrada para un judío que se considera pecado sacar aun una astillita de ella para limpiarse los dientes. Aun los malos olores la contaminan. Se dice: "¡Si uno no puede guardar el *Sukkot* [la fiesta de los Tabernáculos o Enramadas], no puede guardar ninguno de los 613 mandamientos del Tora!"

Los líderes de Jerusalén en la época de Nehemías proclamaron que volverían a celebrar la fiesta de Sukkot: "Salid al monte, y traed ramas de olivo, de olivo silvestre, de arrayán, de palmeras y de todo árbol frondoso, para hacer tabernáculos, como esta escrito." ¡Cuánta emoción debe haber llenado el ambiente, con niños y familias enteras, cargados con ramas, construyendo los tabernáculos! ¡Qué panorama: En todas las azoteas una enramada; en todo lote vacío o plaza de la ciudad, en el patio del templo, los visitantes acampando; aun Esdras, Nehemías y todos los sacerdotes! Durante siete días nadie comía ni dormía en su casa; nadie dormía en los mesones. ¡Toda la población vivía en esos abrigos temporales!

Aquellos no eran siete días tristes y duros. Al contrario, eran siete días de alegría y mucho regocijo. "Os regocijaréis delante de Jehová vuestro Dios por siete días" (Levítico 23:40). "Siete días celebrarás fiesta solemne a Jehová tu Dios en el lugar que Jehová escogiere; porque te habrá bendecido Jehová tu Dios en todos tus frutos, y en toda la obra de tus manos, y estarás verdaderamente alegre" (Deuteronomio 16:15). Se predica mucho en la actualidad acerca de esta fiesta de los Tabernáculos. Se dice que la Iglesia está entrando a la época de la recolección de la cosecha, "la cosecha del trigo y el vino", tiempo de bendición y prosperidad, que estamos en una época de mucho regocijo y cantos, un tiempo de alegría gloriosa en el Señor. Lo que falta en ese mensaje es el tabernáculo: irse a vivir en la enramada. Toda la alabanza, adoración, gritería y alegría debía hacerse bajo la enramada, "en el lugar que el Señor escoja". ¿Qué significa todo esto para nosotros hoy en día? ¿Qué tiene que ver la "sukkah" con el andar con Jesús en la actualidad?

La "sukkah" significa que somos extranjeros aquí, y ciudadanos de otro país.

Los siete días pasados en la enramada se refieren a los setenta años del promedio de duración de la vida humana. El tabernáculo les recordaba la transitoriedad de la vida aquí. Mientras se marchitaban las hojas, debían meditar en el desvanecimiento de la vida, la salud y la fortaleza. Dios quería que pusieran el corazón y la mente en la eternidad. Debían recordar ellos y a sus hijos: "Sólo estamos acampando aquí. Nos regocijamos no sólo por todas estas bendiciones temporales, sino también por la esperanza y gozo que tenemos en la Sion que desciende del cielo."

En los días de Nehemías, esto es lo que Dios les hizo entender: "Ustedes han reconstruido los muros, puesto las puertas, establecido los hogares y plantado huertos y viñas. El Señor ha sido bueno con ustedes, pero este no es su lugar de reposo. Deben esperar una ciudad cuyo edificador y constructor es Dios."

David amaba a Sion, su ciudad. Escribió grandes poemas y cantos acerca de su belleza: "Hermosa provincia, el gozo de toda la tierra, es el monte de Sion ... la ciudad del gran Rey" (Salmo 48:2). David se enriqueció y dio carretas llenas de oro y plata para la edificación del templo: "Del oro, de la plata, del bronce y del hierro, no hay cuenta. . . " (1 Crónicas 22:16). Sin embargo, David hace esta declaración increíble: "Porque forastero soy para ti, y advenedizo, como todos mis padres" (Salmo 39:12). Lo dijo después que Israel estaba establecido y era próspero.

"Advenedizo" es un extraño que no es residente de un lugar, que está de pasada. La palabra "forastero" en hebreo proviene de una raíz gramatical que significa "encogerse de miedo, como en un lugar extraño." Todos nuestros padres en la fe consideraban este mundo como "una tierra extraña". Eran forasteros y ciudadanos de otro mundo. "Por la fe Abraham, siendo llamado, obedeció para salir al lugar que había de recibir como herencia; y salió sin saber a dónde iba. Por la fe habitó como extranjero en la tierra prometida como en tierra ajena, morando en tiendas con Isaac y Jacob, coherederos de la misma promesa; porque esperaba la ciudad que tiene fundamentos, cuyo arquitecto y constructor es Dios. . . Conforme a la fe murieron todos estos sin haber recibido lo prometido, sino mirándolo de lejos, y creyéndolo, y saludándolo, y confesando que eran extranjeros y peregrinos sobre la tierra. Porque los que esto dicen, claramente dan a entender que buscan una patria; pues si hubiesen estado pensando en aquella de donde salieron, ciertamente tenían tiempo de volver. Pero anhelaban una mejor, esto es, celestial; por lo cual Dios no se avergüenza de llamarse Dios de ellos; porque les ha preparado una ciudad" (Hebreos 11:8-10, 13-16). Ellos deseaban "una [patria] mejor, esto es, celestial. . ." Hay un país mejor que nuestra tierra natal. ¡Es la Nueva Jerusalén; el cielo con Cristo!

Dios sabe con cuánta facilidad nos enceguecen sus bendiciones.

¿Por qué pondría Dios a toda la nación en enramadas pequeña por siete días? Porque conoce el peligro terrible en que están sus hijos cuando son bendecidos. Sabe que nos descarriamos con facilidad y lo olvidamos, al enceguecernos por la comodidad y el reposo. El sabe cuán inclinados somos a mimarnos y dejarnos enredar por las cosas terrenales. El canto de Moisés fue una profecía, que predecía el descarrío eventual del pueblo de Dios al lograr la prosperidad. "Pero engordó Jesurún [el pueblo de Dios], y tiró coces [se volvió rebelde] (engordaste, te cubriste de grasa); entonces abandonó al Dios que lo hizo, y menospreció la Roca de su salvación" (Deuteronomio 32:15). Este mensaje no es sólo para los ricos, sino para todos nosotros. Mientras más bendecidos somos, más tendemos a ambicionar, cavar en este mundo, apegarnos a las cosas, comprar y gastar más. ¡Cada cosa que compramos es como otra cuerda que nos amarra a la tierra! El Señor quiere que nuestro corazón esté "en el tabernáculo". Todos los días, muchas veces al día, nos hace recordar: "¡Soy un forastero! ¡Apenas estoy de paso! No tengo raíces aquí. Voy hacia un país mejor. Gracias, Señor, por todas mis bendiciones, pero me regocijo de que soy un ciudadano de Sion."

¡No poseemos nada aquí en la tierra!

Todo lo que Dios nos ha dado es alquilado. Sólo somos los encargados. Se ha escrito mucho de la Tierra Prometida. Dios prometió que le daría a Israel la tierra de Canaán, que fluía leche y miel, pero nunca les entregó el título; sólo se la alquiló. "La tierra no se venderá a perpetuidad, porque la tierra mía es; pues vosotros forasteros y extranjeros sois para conmigo" (Levítico 25:23). Sólo podían vender los derechos de cosecha, y aun a los más pobres se les entregaba la tierra en el año del Jubileo.

Dios posee todo lo que tenemos. Solemos decir: "¡Señor, te devuelvo esto!" Aunque nunca hemos poseído nada en realidad. "Porque mía es toda bestia del bosque, y los millares de animales en los collados... Todo lo que se mueve en los campos me pertenece... Porque mío es el mundo y su plenitud" (Salmo 50:10-12).

El Señor nos dice: "¡Ve a la enramada de la azotea y examina tu corazón!" ¿Es usted un mayordomo justo de la propiedad de Dios? A la luz de la eternidad y de la inestabilidad de la vida, ¿cuánto gasta en usted en comparación con lo que gasta en la obra de El? El efecto mayor del derramamiento del Espíritu Santo es el depositarlo todo en el altar de Dios, al retirar la mirada de las cosas que poseemos. En Pentecostés se dijo: "Y la multitud de los que habían creído era de un corazón y un alma; y ninguno decía ser suyo propio nada de lo que poseía, sino que tenían todas las cosas en común" (Hechos 4:32).

El tabernáculo es un recordatorio de que debemos abstenernos de todos los deseos carnales.

"Amados, yo os ruego como a extranjeros y peregrinos, que os abstengáis de los deseos carnales que batallan contra el alma" (1 Pedro 2:11). Es casi imposible que una persona menor de cincuenta años de edad piense en los valores eternos, porque supone que todavía le queda muchísimo tiempo. Al llegar a los sesentas o setentas, la naturaleza le enseña a uno cuán corta es la vida. Entonces es más fácil considerarnos advenedizos aquí. Aunque Dios quisiera que todos nos detuviéramos en la flor de nuestra vida, nos regocijáramos y luego meditáramos en la pregunta: "¿Son nuestros deseos juveniles y penosos dignos del riesgo a la luz de la eternidad?" Moisés escogió "antes ser maltratado con el pueblo de Dios, que gozar de los deleites temporales del pecado" (Hebreos 11:25). Así que el Señor nos ha ordenado que vayamos a la "enramada", consideremos cuán corta es la vida, suframos por un poco de tiempo y soportemos por el gozo que nos espera (véase Hebreos 12:2). "Porque ¿qué es vuestra vida? Ciertamente es neblina que se aparece por un poco de tiempo, y luego se desvanece" (Santiago 4:14).

¡Trate de decirles esto a los jóvenes! El propósito de la enramada es sacarnos lo mundano. ¡Vaya allá! ¡Golpee la ambición! ¡Mate el orgullo! Todas las metas fallidas, puestas por la ambición, son puertas abiertas a la lujuria y el pecado de toda clase. La gente dice: "No vale la pena, nunca lo lograré." Entonces ¡se complacen! Escuchan a espíritus mentirosos. Reconozca esas voces por lo que son: Demoníacas.

La prueba final del avivamiento es la separación completa del mundo.

Sin una vida de arrepentimiento y separación del mundo no puede haber avivamiento verdadero. "Y ya se había apartado la descendencia de Israel de todos los extranjeros; y estando en pie, confesaron sus pecados, y las iniquidades de sus padres" (Nehemías 9:2). Dondequiera que haya restauración bíblica, habrá un creciente conocimiento del llamado del Señor a la separación de todo lo mundano y sensual.

He observado a través de los años que son los cristianos que viven en santidad, absortos en Cristo, los que tienen un efecto más profundo en el mundo seglar. Los impíos esperan que los cristianos sean apartados y puros. Esperan que sean completamente "diferentes" de ellos. En las calles infestadas por el crimen de la ciudad de Nueva York, con la presión de espíritus diabólicos por todos lados, sólo el cristiano puro, separado y lleno de Cristo puede hacer huir al enemigo. Los transigentes se atemorizan y sus pecados los condenan.

Dios está levantando a un remanente de creyentes que quieren el avivamiento, pero sólo en la medida que transforme a los creyentes a la imagen de Jesucristo. Y cuando venga en su plenitud, la mayoría de los cristianos o no lo reconocerán, o lo rechazarán. El remanente separado oirá el sonido de la trompeta y sabrá lo que Dios esté diciendo.

4

¡Humillado por Dios!

Humillar significa "reducir la dignidad y el orgullo de uno", o hacer humilde. Me propongo demostrar en este mensaje que ¡Dios humilla a los que ama! En realidad, a menos que uno haya pasado por esa humillación divina, no está listo para que Dios lo use plenamente, ni preparado para recibir de su plenitud.

Dios humilla a su pueblo sólo para prepararlo para un servicio mayor. Tal principio se repite a través de las Escrituras. La humillación de parte de Dios se ve mejor ilustrada en las experiencias del pueblo de Israel. Dios libró a su pueblo con grandes milagros; después lo llevó a un desierto estéril y lo humilló por completo.

Después de 430 años de esclavitud, los israelitas habían perdido toda esperanza de conocer la libertad o poseer su propia patria. Entonces un profeta llamado Moisés apareció entre ellos predicando la esperanza. Iba de una fábrica de adobe a otra, y por los campos y las casas diciéndoles:

"Dijo luego Jehová: Bien he visto la aflicción de mi pueblo que está en Egipto, y he oído su clamor a causa de sus exactores; pues he conocido sus angustias, y he descendido para librarlos de mano de los egipcios, y sacarlos de aquella tierra a una tierra buena y ancha, a tierra que fluye leche y miel" (Exodo

3:7, 8). "Porque tú eres pueblo santo para Jehová tu Dios; Jehová tu Dios te ha escogido para serle un pueblo especial, más que todos los pueblos que están sobre la tierra. . . por cuanto Jehová os amó, y quiso guardar el juramento que juró a vuestros padres" (Deuteronomio 7:6, 8).

Ellos estaban allí sudorosos, cansados, apenas existiendo, mientras Moisés les predicaba ¡un relumbrante mensaje de esperanza! Veían la omnipotencia de Dios cuando El los libraba con un gran milagro después de otro, mostrando al mundo que El protege y libra a los que son suyos.

En ese entonces Israel vivía en Gosén, un estado egipcio esclavo. Dios le dijo a Egipto: "Yo pondré redención entre mi pueblo y el tuyo" (Exodo 8:23). ¡Y el pueblo de Dios no fue afectado en el curso de las diez plagas terribles!

Primero, Moisés levantó su vara y golpeó las aguas de Egipto y se convirtieron en sangre. Aun el agua recogida en recipientes de madera y piedra fue contaminada. Los peces murieron y los ríos hedían. El agua no fue potable durante varios días, pero en Gosén, el pueblo de Dios bebía agua fresca y pura.

Entonces Aarón extendió la mano sobre las aguas, y una oleada tras otra de ranas salía y cubría la tierra. En todas las casas, cocinas, alcobas, patios del palacio, bodegas y templos, no había lugar para sentarse o acostarse debido a la invasión de las ranas. Sin embargo, en Gosén, las ranas se quedaron en el agua, y todo lo que los israelitas oían era su croar. ¡Qué espectáculo era para Israel ver a los egipcios amontonar las ranas "y apestaba la tierra", pero no en Gosén!

Como Faraón endureció el corazón contra Dios, se usó la vara otra vez, para golpear el polvo, el cual se convirtió en piojos que atacaban a la gente y a los animales. Algunos interpretan esto como una plaga de mosquitos o zancudos: "Esos mosquitos molestaban a los animales y las personas, al metérseles en los ojos y la nariz, enfureciéndolos. Esa invasión a veces torturaba a los animales hasta matarlos." ¡Pero en Gosén no había piojos, ni mosquitos, ni plaga de zancudos!

Luego vino la invasión de moscas; enjambres de moscas como nubes negras; "moscas molestísimas". Se dice que esa plaga incluía cucarachos, moscas de ganado, moscas de perros y toda clase de moscas. "La tierra fue corrompida" (Exodo 8:24), pero "yo apartaré la tierra de Gosén, en la cual habita mi pueblo, para que ninguna clase de moscas haya en ella" (Exodo 8:22).

Después de eso vino la plaga sobre el ganado de Egipto. Por todo el país murieron los caballos, camellos, bueyes, ovejas, burros y vacas. "Mas del ganado de los hijos de Israel no murió uno" (Exodo 9:6).

Enseguida fue la plaga de úlceras. No eran como las que conocemos, sino que las llamaban "la maldición de Egipto": Lepra negra, elefantiasis, y todas causaban desfiguración.

Luego vino la lluvia de "granizo muy pesado", con relámpagos y truenos y "el fuego se descargó sobre la tierra. . . mezclado con el granizo." Era tan pesado "cual nunca hubo en toda la tierra de Egipto desde que fue habitada." "Desgajó todos los árboles del país" (Exodo 9:23-25). En Gosén no cayó ni un granizo en ninguna parte.

Después fue la invasión de langostas que "cubrió la faz de todo el país" (Exodo 10:15). Oscurecieron el firmamento y "no quedó cosa verde" (versículo 15). Sin embargo, en Gosén no había langostas, y el sol brillaba.

A las langostas siguió una plaga de tinieblas tan

grande que se podían palpar (Exodo 10:21). Las tinieblas duraron tres días y eran tan espesas que los egipcios no se podían ver unos a otros, "mas todos los hijos de Israel tenían luz en sus habitaciones" (versículo 23).

La décima y última plaga fue la visita del ángel de la muerte que destruyó a todos los primogénitos: "Y se levantó aquella noche Faraón. . . y todos los egipcios; y hubo un gran clamor en Egipto, porque no había casa donde no hubiese un muerto" (Exodo 12:30). Había gran mortandad en Egipto, todos estaban desmoralizados, pero ¡ni uno sólo murió en Gosén!

"En el mismo día todas las huestes de Jehová salieron de la tierra de Egipto" (Exodo 12:41). Los israelitas salieron de Egipto con promesas gloriosas que todavía resonaban en sus oídos: "Condujiste en tu misericordia a este pueblo que redimiste; lo llevaste con tu poder a tu santa morada" (Exodo 15:13). "Caiga sobre ellos [tus enemigos] temblor y espanto; a la grandeza de tu brazo enmudezcan como una piedra" (Exodo 15:16). "Te bendecirá y te multiplicará. . . el fruto de tu tierra, tu grano, tu mosto, tu aceite, la cría de tus vacas, y los rebaños de tus ovejas. . . Bendito serás más que todos los pueblos. . . Y quitará Jehová de ti toda enfermedad; y todas las malas plagas de Egipto. . . no las pondrá sobre ti" (Deuteronomio 7:13-15). "Jehová tu Dios está en medio de ti, Dios grande y temible. . . nadie te hará frente" (Deuteronomio 7:21, 24).

Entonces ocurrió el mayor de los milagros: Vieron cuando ¡Dios dividió un mar grande, amontonó sus aguas y abrió una vía para escapar por tierra seca! Israel cantó, danzó y adoró a Dios mientras las aguas caían sobre Faraón y su ejército. ¡Vieron todo un ejército barrido por el dedo de Dios!

Los israelitas se fueron después al desierto llamado Sin (Exodo 17:1). ¡Qué prósperos, benditos y especiales se sentían, pues todas sus oraciones habían tenido respuestas maravillosas! Sabían que los protegía y guiaba un Pastor sabio y bondadoso mientras avanzaban cantando acerca de sus promesas.

No obstante, al día siguiente despertaron con mucha hambre. Ya habían consumido todo el pan sin levadura, y no quedaban alimentos en el campamento. "Al echarlos fuera los egipcios, no habían tenido tiempo ni para prepararse comida" (Exodo 12:39). Treinta días después de salir de Egipto, se agotaron los recursos de dos millones de personas. El poco ganado que tenían estaba débil y flaco y sólo podría alimentar a pocos, y entonces se quedarían sin ganado de cría en su nueva tierra.

Dios puso a Israel en condición de humillación completa.

El pueblo de Israel se encontraba indefenso: Los padres, las madres, los príncipes y líderes no tenían a dónde acudir por ayuda. No había camellos cargados con provisiones; no tenían frutas pasas ni pescado seco, pan, higos, dátiles, uvas secas ni nueces. Sin duda habían visto la caravana de provisiones de Faraón arrastrada por el mar; carretas enormes cargadas con comida, flotando en el Mar Rojo. Era lógico que pensaran: "Dios sabía la hora y el día exactos cuando saldríamos de Egipto. Moisés habló con Dios, entonces ¿por qué no nos dijo que trajéramos provisiones para seis meses? Aun los dioses de Egipto tratan mejor a sus soldados. ¿Por qué nos dijeron que tomáramos prestados oro, plata y joyas? ¡No podemos comerlos; de nada valen aquí!"

No había ni una hoja de pasto a la vista, ni animales para cazar, ni árboles frutales, ni extranjeros para intercambiar cosas. No podrían haber vuelto a Egipto aunque quisieran. ¡El Mar Rojo les cerraba la retirada! Y aun si hubieran podido bordear el mar, los egipcios hubieran detenido su regreso con todos sus recursos, pues estaban hastiados de plagas.

Así que ya no les quedaba por delante sino un desierto enigmático y desconocido. Los niños lloraban y las esposas se retorcían las manos por la preocupación. Los padres y esposos estaban desamparados y humillados. Todos se reunieron alrededor de Moisés y se quejaron: "Nos habéis sacado a este desierto para matar de hambre a toda esta multitud" (Exodo 16:3).

Eso fue una humillación para Israel, y es una lección para nosotros en la actualidad. "Mas estas cosas sucedieron como ejemplos para nosotros, para que no codiciemos cosas malas, como ellos codiciaron. . . y están escritas para amonestarnos a nosotros, a quienes han alcanzado los fines de los siglos" (1 Corintios 10:6, 11).

Israel no estaba preparado para manejar todas las bendiciones que Dios le tenía reservadas.

"Te afligió, y te hizo tener hambre, y te sustentó con maná. . . para hacerte saber que no sólo de pan vivirá el hombre, mas de todo lo que sale de la boca de Jehová vivirá el hombre" (Deuteronomio 8:3).

La primera lección de este versículo se encuentra en las palabras "te hizo tener hambre". Habían pasado cuarenta años y Moisés no quería que Israel olvidara esa lección de humillación. "Te acordarás de todo el camino por donde te ha traído Jehová tu Dios estos cuarenta años" (Deuteronomio 8:2).

Recordemos que fue Dios quien los dejó pasar hambre, los sacó sin preparación y les causó esa crisis; fue Dios quien los puso contra la pared y puso los cielos como latón. Fue Dios quien los llevó a tales circunstancias humillantes. Satanás no tuvo nada que ver con su horrible condición. Todo era una prueba para revelar lo que había en su corazón: "Para afligirte, para probarte, para saber lo que había en tu corazón" (Deuteronomio 8:2).

¡El sabe lo que hay en nosotros, pero quiere que lo sepamos también! La prueba de los israelitas no fue de su valor para enfrentarse a enemigos poderosos, gigantes ni carros de guerra, porque Dios ya había prometido que pelearía sus batallas en lugar de ellos. La prueba tenía que ver con las bendiciones para las cuales no estaban preparados, su progreso increíble: Buenas casas, depósitos llenos de vino, ríos de leche, miel abundante, trigo y ganado, sin mencionar todo tipo de bendiciones espirituales.

"Porque Jehová tu Dios te introduce en la buena tierra, tierra de arroyos, de aguas, de fuentes y de manantiales, que brotan en vegas y montes. . . tierra en la cual no comerás el pan con escasez, ni te faltará nada en ella. . . Cuídate de no olvidarte de Jehová tu Dios. . . no suceda que comas y te sacies, y edifiques buenas casas. . . y tus vacas y tus ovejas se aumenten, y la plata y el oro se te multipliquen. . . y se enorgullezca tu corazón, y te olvides de Jehová tu Dios, que te sacó de tierra de Egipto, de casa de servidumbre. . . y digas en tu corazón: Mi poder y la fuerza de mi mano me han traído esta riqueza" (Deuteronomio 8:7-17).

El Señor habla aquí no sólo a Israel, sino también a nosotros hoy. El propósito de su aflicción nunca se puso en duda: Era "afligiéndote y probándote, para a la postre hacerte bien" (Deuteronomio 8:16). El tenía que enseñarle a Israel a manejar toda la bondad que estaba a punto de derramar sobre ellos. Y Dios tiene que humillarnos de la misma manera que a ellos.

Como vemos, aunque el pueblo de Israel estaba seguro y libre, guiado de modo sobrenatural y era el objeto del amor y el poder milagroso de Dios, todavía le faltaba una cosa: ¡No dependía de Dios!

La sangre de Cristo puede cubrir nuestros pecados, pero no hace que dependamos de El. Los milagros pueden librarnos del poder de Satanás, pero no hacen que dependamos de Dios. Uno puede ser guiado por Dios de modo sobrenatural y todavía no estar completamente apoyado en el Señor.

Dios tiene que despojarnos de toda seguridad propia y destruir todo lo que quede de justificación propia, orgullo espiritual y petulancia. El debe humillar a todos los que estén destinados a heredar sus grandes bendiciones espirituales (y lo hace).

El toma a un Saulo de Tarso confiado, seguro de su propia justificación, orgulloso de su conocimiento de las Escrituras, lleno de celo de Dios, listo a morir por Jehová y ¡lo deja ciego! Saulo tenía que ser humillado ante el mundo, llevado de la mano como a un niño y esperar indefenso por días a que Dios actuara. Fue afligido hasta el punto de dependencia total de Dios.

¡Estoy bajo la mano humilladora de Dios ahora mismo! Todavía no he logrado mi meta. Si creemos que tenemos todo bien ordenado y resuelto, que oímos la voz de Dios con toda claridad, que nunca estamos equivocados y todas nuestras oraciones tienen su respuesta, entonces debemos estar alerta. Vamos a sufrir hambre, porque Dios nos pone a todos en condiciones de hambre y desamparo.

Nuestra iglesia local de *Times Square* debe ser afligida, y lo es en la actualidad. Hemos orado intensamente durante seis meses contra una clínica de abortos, que todavía funciona. Los pornógrafos aun abundan y Satanás se atreve a montar un drama demoniaco en el propio teatro que Dios nos ha prometido como lugar de culto. ¿Por qué? Dios nos examina y pone a prueba, despojándonos de toda confianza en el hombre y la carne, y poniéndonos en dependencia completa de El para prepararnos para el gran derramamiento de sí mismo.

Dios puede ponernos en situaciones en que todo parece ir mal: Las enfermedades, la muerte, los conflictos, las oraciones sin respuesta aparente, las promesas de Dios que parecen burlarse de nuestras peticiones y lágrimas. Es nuestra hora de humillación, el tiempo ordenado de prueba.

"No sólo de pan vivirá el hombre, mas de todo lo que sale de la boca de Jehová."

Este texto de Deuteronomio 8:3 es tan poderoso que Jesucristo lo usó contra el diablo durante su tentación en el desierto (véase Mateo 4:1-4). Como el pueblo de Israel, Jesucristo también tenía hambre. ¿Qué mayor humillación podría haber que siendo el Hijo de Dios fuera puesto en dependencia completa?

Como hombre, Jesús aprendió la obediencia y dependencia por las cosas que sufrió, como esa crisis de hambre. Lo que Cristo dijo en realidad fue: "Yo no estoy aquí para agradarme ni para mimar mi carne, sino para hacer la voluntad perfecta de mi Padre." Jesús puso todas sus preocupaciones humanas en las manos de su Padre. Es decir: "Pasaré toda mi vida y mi tiempo obedeciendo a mi Padre, haciendo su voluntad perfecta y El cuidará de mí a su modo."

Cristo sabía que Dios sólo tenía que decir: "¡Hambre, vete!" pero también sabía que el Padre podía darle un alimento que ningún hombre conocería; así que no se preocupó de comida, bebida, vestido ni casas. Antes bien, El buscaría la voluntad de Dios primero y dejaría que Dios cuidara de las necesidades.

Jesucristo decía algo muy profundo, a saber: "No he venido a pedirle al Padre que me cumpla su Palabra, sino ¡a cumplir todas sus palabras!" Jesucristo no necesitaba un milagro para probar para sí el amor que el Padre le tiene. Se apoyó en las palabras del Padre. Su clamor no era: "¡Dios, cúmpleme tu Palabra!" sino, al contrario: "Déjame cumplir tu Palabra en todo."

Hay multitudes de cristianos hoy en día que son lo que llamo creyentes de "pan", pues viven *sólo de pan*; siempre le piden a Dios que pruebe su fidelidad. Tienen hambre y creen que saben con qué se satisfará.

Durante la mayor parte de mis primeros años en el ministerio fui un cristiano de "pan". Tenía un hambre profunda, impulsada por una necesidad inexplicable. ¡Cuando pensaba que necesitaba una iglesia nueva, la conseguía! ¡Cuando creía que necesitaba un programa de televisión, lo conseguía! ¡Cuando necesitaba multitudes, las conseguía! Esas eran cosas buenas en sí, pero pasé años orando: "Dios, ¡prueba tu poder! ¡Envíame dinero, estoy endeudado! ¡Bendíceme Señor! ¡Bendice mi ministerio! ¡Responde mis oraciones! Déjame probarle al mundo que tienes todo el poder. ¡Sana a los enfermos para probar que todavía eres el mismo!"

Así que rara vez encuentra Dios a un creyente cuyo único propósito en la vida es *conocer* y *hacer la* voluntad de Dios, como Jesucristo, y que nunca diga: "Dios, ¿dónde estás?" sino que ore: "Dios, ¿dónde estoy en este asunto de la obediencia y la dependencia?"

Cuando nos presentemos a juicio delante de Dios, no seremos juzgados por las sanidades realizadas, ni la cantidad de demonios expulsados, ni las oraciones contestadas, ni las grandes obras que hayamos hecho, sino por *nuestra dependencia de su Palabra y voluntad y la obediencia al Señor.*

En la actualidad, nos gusta dar "órdenes" a Dios. Mandamos al diablo y los demonios y que las fortalezas diabólicas se derrumben. Está bien, pero ¿cuándo clamamos: "¡Oh Dios, mándame! Dime lo que debo hacer; muéstrame la manera de hacer tu voluntad y obedecer toda palabra que salga de tu boca"?

A través de todo, Dios nos dice: "Quiero ser tu única provisión y esperanza, tu único objeto de confianza." Mi clamor es: "Oh Dios, cuida del dinero; sólo muéstrame tu voluntad. Cuida de mi salud, familia y necesidades; sólo dame tu Palabra."

¡Jesucristo es toda Palabra que procede de Dios!

"En el principio era el Verbo, y el Verbo era con Dios, y el Verbo era Dios. . . Y aquel Verbo fue hecho carne, y habitó entre nosotros (y vimos su gloria, gloria como del unigénito del Padre)" (Juan 1:1,14).

¿Cuánto del Verbo se hizo carne? ¡Todo! "Porque en él habita corporalmente toda la plenitud de la Deidad" (Colosenses 2:9). Así que ¿cómo vivimos de toda palabra que sale de su boca? ¿Tomamos papel y lápiz, anotamos cada uno de los mandamientos de

Jesucristo y después nos disciplinamos para practicar cada uno hasta dominarlos todos? ¡Amados, aun después de todos estos años de predicación, no conozco todos los abundantes y preciosos mandamientos del Señor!

A mi modo de ver, sólo hay una manera de agradar al Señor: Presentarle el cuerpo, poner el "yo" a un lado, y dejar que Jesucristo viva su vida en nosotros. Pablo dijo: "Ya no vivo yo, mas vive Cristo en mí" (Gálatas 2:20). No se trataba de una vida-espíritu mística, vivida dentro de los confines de la mente. ¡No! Pablo continúa en el mismo versículo: "Y lo que ahora vivo en la carne, lo vivo en la fe del Hijo de Dios." Es decir, la fe que está en el Hijo de Dios. Debemos presentar nuestros "miembros a Dios como instrumentos de justicia" (Romanos 6:13).

Dios nos guía a la tierra grande y buena, llena de leche, miel, aceite y vino: las bendiciones espirituales en Cristo para las cuales Dios nos ha estado preparando. Cuando tenemos un cuerpo muerto, crucificado, humillado y dependiente, Cristo entra a él y vive su vida en nosotros y a través de nosotros. Dios no obra a través de la carne, ¡ni siquiera de la carne "buena"! ¡El obra sólo a través de su Hijo Jesús!

Pablo era un hombre "bueno", santo, sin mancha y guardaba los mandamientos de Dios; pero ese "buen" Pablo tenía que "morir" a diario para que Cristo pudiera hacer su obra y vivir su vida en él. Hay un canto que dice: "¡Oh, quién fuera su mano extendida, para llegar al oprimido. . .!" ¡Es verdad! Al imponerles las manos a los enfermos, nada pasa a menos que seamos verdaderamente sus manos extendidas, con el "yo" a un lado y Jesucristo haciendo las obras de su Padre a través de nosotros. Para Pablo la clave era: "Ya no yo, mas Cristo", un despojarse a diario de Pablo y vestirse de Cristo. Sin embargo, muchos no queremos "vivir" a Jesucristo, sino usarlo cuando conviene; ponérnoslo y quitárnoslo como un vestido.

El "vivir" a Cristo no es complicado. Primero, uno debe desear su vida, con todas sus fuerzas. Entonces debe hacerse a un lado y entregarle todo, confiando en que El lo poseerá por completo. Finalmente, uno debe creer que tanto como uno se vacíe de sí mismo, ¡El lo llenará con su Persona!

5

¡Lo que cuesta la consagración completa a Dios!

La consagración completa a Dios es una manera fácil de perder amigos y ser rechazado. Tome usted en serio los asuntos espirituales; deje todos sus ídolos; vuélvase al Señor de todo corazón y deje que Jesucristo tome posesión de su vida; aparte los ojos de las cosas de este mundo, y verá que, de repente, se ha convertido usted en ¡un fanático religioso! Y está destinado a sufrir el peor rechazo de toda su vida.

Cuando usted era tibio, con una forma de piedad sin poder, cuando no era abiertamente pecador ni santo, no era un problema para nadie, ni siquiera para el diablo. Las cosas estaban tranquilas; a usted lo aceptaban. Usted era sólo un creyente desganado más.

Un día usted cambió. Se entusiasmó por Dios. Sintió remordimiento de sus pecados y ya no pudo asistir más a la iglesia sin seriedad. Se arrepintió y se volvió al Señor de todo corazón. Los ídolos se vinieron abajo. Usted empezó a escudriñar la Palabra de Dios. Dejó de buscar las cosas materiales y se obsesionó con Jesucristo. Entró a un nuevo campo de discernimiento y vio cosas en la iglesia que nunca antes le molestaron. Ahora oye cosas en el púlpito que le quebrantan el corazón. Ve a otros cristianos que transigen como usted lo hacía antes. Por eso le duele tanto. Ahora está despierto, arrepentido, quebrantado y contrito de espíritu. Ahora Dios le ha dado una preocupación muy grande por la iglesia.

Sus amigos en vez de alegrarse o comprender piensan que ¡usted se está volviendo loco! Lo ridiculizan, se burlan y lo llaman ¡fanático!

La mano de Dios tocó a Moisés de modo maravilloso y lo despertó en lo concerniente a la esclavitud del pueblo de Dios. "Le vino al corazón el visitar a sus hermanos. . ." Moisés estaba tan emocionado por la gran revelación de liberación que había recibido que corrió a compartirla con los hermanos. "Pero él pensaba que sus hermanos comprendían que Dios les daría libertad por mano suya; mas ellos no lo habían entendido así" (Hechos 7:23, 25). Moisés era el hombre más humilde de la tierra; estaba consagrado a Dios. No trataba de parecer más santo que los demás; se movía en Dios, en lo profético. Quería que sus hermanos oyeran y vieran lo que Dios se disponía a hacer. Al contrario, lo rechazaron, diciendo: "¿Quién te ha puesto por gobernante y juez sobre nosotros? ¿Quién crees que eres?" Algún día entenderían, pero no entonces.

Cuando el Espíritu Santo me despertó hace varios años, vi su llamado a la santidad y tomé muy en serio el andar en la verdad, la Palabra tomó vida y vi en ella cosas que nunca antes había visto. Quería compartir esta experiencia con todo el mundo. Llamaba a los predicadores por teléfono y les contaba lo que Dios me estaba diciendo. Con muchos que venían a mi oficina lloraba y les mostraba en la Biblia las verdades gloriosas del rendimiento completo y la pureza del corazón. Pensaba que ellos también las verían y que amarían la Palabra y se postrarían conmigo a orar por un nuevo toque de Dios. Al contrario, la mayoría no me prestó atención. Decían cosas como: "¿Estás seguro de que no te estás propasando un poco?" O: "Eso es un poco pesado para mí." Y mientras más buscaba yo de Dios, menos los veía. Era como si me tiraran agua fría en el rostro. No querían oír.

Si esto le ha sucedido a usted desde que Dios lo despertó, no está solo. Quiero mostrarle y advertirle por la Palabra de Dios de lo que debe esperar si está decidido a consagrarse por completo a Dios. Puede esperar tres reacciones: (1) Será rechazado. (2) Será expulsado. (3) Será apedreado.

¡Usted será rechazado!

Jesucristo adviritió: "Si fuerais del mundo, el mundo amaría lo suyo; pero porque no sois del mundo, antes yo os elegí del mundo, por eso el mundo os aborrece" (Juan 15:19). Muéstrenme a un creyente convertido en amante y hacedor de la verdad, y les mostraré a alguien a quien toda la iglesia tibia rechazará y perseguirá. Apártese usted del mundo y ellos se apartarán de usted. Jesucristo tenía muchos seguidores, hasta que el mensaje que predicaba fue considerado demasiado duro y exigente. La multitud amante de milagros oyó su Palabra y lo abandonó, diciendo: "¡Demasiado dura! ¿Quién puede recibirla?" Cristo se volvió a los doce y les preguntó: "¿Ustedes también se irán?" O: "¿Es mi palabra demasiado dura para ustedes también?" Pedro respondió: "¿A quién iremos si sólo tú tienes palabras de vida eterna?" No, Pedro y los doce no se apartarían de Jesucristo, pues amaban la palabra que la mayoría de la gente llamaba demasiado dura y exigente, porque producía en ellos valores eternos. Se quedarían con la verdad, sin importarles el costo.

Este es el asunto que todos los creyentes debemos afrontar en estos postreros días: ¿Evitaremos la verdad que condena, señala el pecado, y quita, corrige y destruye los ídolos; que exige el apartar la mirada de lo mundano, de sí mismo y del materialismo? ¿Nos volveremos a la predicación que agrada al oído, blanda, adormecedora y tolerante? ¿Permitiremos que el Espíritu Santo nos examine y exponga a la luz de la verdad?

La verdad libera. Libera de la predicación, pastores y tradiciones muertas y de las doctrinas de demonios. Libera también de las asociaciones que se apartan de la verdad porque "no es amable", como dicen. Los amantes y hacedores de la verdad desean acercarse a la luz, para que quede expuesto todo lo hecho en secreto. Jesús dijo: "Porque todo aquel que hace lo malo, aborrece la luz y no viene a la luz, para que sus obras no sean reprendidas. Mas el que practica la verdad viene a la luz, para que sea manifiesto que sus obras son hechas en Dios" (Juan 3:20, 21). La verdad genuina siempre expone lo oculto. Cuando Cristo sacó a la luz los pecados ocultos de los judíos religiosos, ellos procuraron matarlo. Jesús dijo: "Sé que sois descendientes de Abraham; pero procuráis matarme, porque mi palabra no halla cabida en vosotros" (Juan 8:37). "Ahora procuráis matarme a mí, hombre que os he hablado la verdad" (versículo 40). "El que es de Dios, las palabras de Dios oye; por esto no las oís vosotros, porque no sois de Dios" (Juan 8:47).

La Palabra de Dios dice: "Y entonces se manifestará

aquel inicuo, a quien el Señor matará con el espíritu de su boca, y destruirá con el resplandor de su venida; inicuo cuyo advenimiento es por obra de Satanás, con gran poder y señales y prodigios mentirosos, y con todo engaño de iniquidad para los que se pierden, por cuanto no recibieron el amor de la verdad para ser salvos. Por esto Dios les envía un poder engañoso, para que crean la mentira, a fin de que sean condenados todos los que no creyeron a la verdad, sino que se complacieron en la injusticia" (2 Tesalonicenses 2:8-12).

Hay actualmente multitudes de cristianos que no aman la verdad. Dios dice que la causa es el pecado oculto; "se complacieron en la injusticia". Los que transigen y aman el placer están en un engaño horrible. Como los judíos de la época de Jesucristo, están convencidos de que ven; creen que son hijos de Dios, pero rechazan con furor toda palabra que exponga sus secretos y codicias más íntimos. Algo diferente de la verdad posee su corazón. No se apegan a la verdad como a una perla preciosa. Al contrario, abrigan cierto placer oculto, ídolo o pecado favorito.

No olvide que los que lo rechazan o se apartan de usted a causa de la verdad tienen una razón poderosa. Lo consideran a usted como una amenaza a algo que aprecian. Su vida separada es una acusación a la transigencia y tibieza de ellos.

Pablo le escribió a Timoteo: "Me abandonaron todos los que están en Asia" (2 Timoteo 1:15). Pablo se había entregado todo a esas mismas personas, y les había declarado todo el consejo de Dios. No tenía culpa delante de ellos; era santo e irreprensible. Las iglesias de Asia y sus hijos espirituales lo rechazaban y evitaban. ¿Por qué?

Pablo estaba preso y sufría. Tenía una aflicción profunda; estaba encadenado, como "prisionero del

Señor". Un nuevo maestro había llegado a ser popular; un maestro que traía un mensaje aceptable de prosperidad. "Alejandro el calderero me ha causado muchos males; el Señor le pague conforme a sus hechos" (2 Timoteo 4:14).

Alejandro significa "que agrada al hombre". Alejandro e Himeneo enseñaban un evangelio falso que agradaba a la carne. Himeneo se llamaba "según el dios de las bodas". Esto representa un evangelio de amor, celebración y agrado a los hombres, sin santidad. Pablo los entregó a ambos a Satanás para la destrucción de la carne "para que aprendan a no blasfemar" (1 Timoteo 1:20). La entrega a Satanás no era para la destrucción de su cuerpo, sino de la doctrina carnal. Era una lección. ¿Cómo podrían aprender si estuvieran muertos? Sus doctrinas negaban todo sufrimiento y tribulaciones.

Pablo dijo que hacían zozobrar la fe verdadera al excusar el pecado; no tenían la conciencia pura. Hacían naufragar la fe con las enseñanzas agradables a los hombres. Rechazaron a Pablo por lo que consideraban una pérdida de su libertad. La consideraban como una falta de fe. A su parecer, era el diablo quien tenía preso a Pablo. Si Pablo era tan santo, si predicaba la omnipotencia de Dios, ¿por qué sufría? Ellos "se avergonzaban de sus cadenas". Y hay creyentes hoy en día que lo rechazarán a usted; se avergonzarán de usted cuando se encuentre en algún tipo de prueba, tribulación o enfermedad.

¡Lo expulsarán!

Jesucristo advirtió: "Os expulsarán de las sinagogas; y aun viene la hora cuando cualquiera que os mate, pensará que rinde servicio a Dios" (Juan 16:2).

Cristo dijo: "Estas cosas os he hablado, para que no tengáis tropiezo. . . [No se sorprendan cuando la iglesia tibia los expulse]. . . porque no conocen al Padre ni a mí" (Juan 16:1; 3).

Cristo sanó a un joven ciego de nacimiento, al cual llevaron a la iglesia para que lo interrogaran los fariseos religiosos. ¡Se le habían abierto los ojos y podía ver! El dijo: "Una cosa sé, que habiendo yo sido ciego, ahora veo" (Juan 9:25). ¿Se regocijaron porque el hombre había recobrado la vista? ¡No! "Respondieron y le dijeron: Tú naciste del todo en pecado, ¿y nos enseñas a nosotros? Y le expulsaron" (Juan 9:34).

Ese ciego que fue sanado representa al remanente santo, a aquellos cuyos ojos se abren a la santidad de Dios. Adelante; testifique como él: "¡Habiendo yo sido ciego, ahora veo!" Lo expulsarán y dirán: "¿Quién te puso como nuestro maestro?"

Si se propone entregarse del todo a Cristo, debe estar preparado a sufrir afrentas por El. "Porque por amor de ti he sufrido afrenta; confusión ha cubierto mi rostro. Extraño he sido para mis hermanos, y desconocido para los hijos de mi madre [mis hermanos y hermanas]. Porque me consumió el celo de tu casa; y los denuestos de los que te vituperaban cayeron sobre mí" (Salmo 69:7-9). Esto habla principalmente de los sufrimientos de Cristo, pero como El estuvo en este mundo, nosotros también. Si lo persiguieron y afrentaron, harán lo mismo a todos los que mueran a sí mismos. ¿Quién afrentó a Cristo? ¿Quién lo avergonzó y despreció su nombre? ¡La multitud eclesiástica centrada en el hombre!

¡La expulsión a los creyentes piadosos es el favor mayor que una iglesia centrada en el hombre podría hacerles! Algunos creyentes dicen: "Mi iglesia está muerta; no me gusta lo que pasa, pero Dios me puso allí. Me quedaré y trataré de cambiar las cosas." Eso puede ser peligroso y contrario a las Escrituras. ¡Tenemos que salir de todo lo que sea Babilonia! También puede ser que la tradición lo retenga a usted. Quizas usted no esté tan listo para ir hasta lo último con Dios como pensaba. Sus viejos amigos lo retienen.

Pablo iba a la sinagoga dondequiera que fuera "como acostumbraba" (Hechos 17:2). Les predicó a esos feligreses ciegos, refiriéndose a Isaías, y diciendo: "Porque yo hago una obra en vuestros días, obra que no creeréis, si alguien os la contare" (Hechos 13:41). Pablo se esforzaba mucho en persuadirles, con la esperanza de que oyeran, pero al fin oyó la profecía de Isaías que retumbaba en su alma: "¡De ninguna manera creerán, aunque te quedes con ellos y la declares!" Ponga atención a esta advertencia: ¡Haga como Pablo y salga! El y sus acompañantes se fueron "sacudiendo contra ellos el polvo de sus pies" (Hechos 13:51). Pablo les dijo a esos judíos religiosos: "Era necesario que se os hablase primero la palabra de Dios; mas puesto que la desecháis. . . he aquí, nos volvemos a los gentiles" (Hechos 13:46).

Si usted está en una congregación o iglesia que ha oído y desechado la verdad, ¡salga de ella! Apártese porque si no, sus hijos se pueden descarriar. No diga: "Pues, mis hijos tienen amigos allí." Sí, y pueden crecer todos sin convicción de pecado, por falta de poder o de la presencia de Dios. Usted no va a cambiar nada, ¡de ninguna manera! Sin embargo, ellos lo pueden cambiar a usted. ¿Qué comunión tiene la luz con las tinieblas? "Salid de en medio de ellos, apartaos y sed limpios; ENTONCES OS RECIBIRE."

¡Usted será apedreado!

La mayoría lo apedreará. "Y apedreaban a Esteban, mientras él invocaba y decía: Señor Jesús, recibe mi espíritu" (Hechos 7:59). ¿Quién apedreó a Esteban? ¡El concilio religioso más prestigioso de entonces! "Le trajeron al concilio" (Hechos 6:12). ¡Era un hombre solo contra la multitud!

Vemos aquí a un hombre que tiene "los ojos puestos en Jesús"; sin embargo, lo odian. Escuche el odio de aquellos clérigos y fanáticos religiosos: "Crujían los dientes contra él" (Hechos 7:54). "Se taparon los oídos, y arremetieron a una contra él" (versículo 57). ¿Qué tenía ese justo que enojaba tanto a las multitudes religiosas? Predicaba la verdad que los cortaba hasta el corazón. "¡Duros de cerviz, e incircuncisos de corazón y de oídos! Vosotros resistís siempre al Espíritu Santo; como vuestros padres, así también vosotros" (versículo 51). "Recibisteis la ley. . . y no la guardasteis" (versículo 53). ¡El tenía que predicar la verdad! Ellos tenían el corazón todavía apegado al mundo, atado por la codicia. Sabían cual era la ley de Dios, pero no querían obedecerla. Crucificaron a Cristo.

La espada de dos filos de la verdad les había penetrado hasta lo más profundo del corazón, pero fue el testimonio de un cielo abierto lo que causó la ira contra Esteban. "Esteban, lleno del Espíritu Santo, puestos los ojos en el cielo, vio la gloria de Dios, y a Jesús que estaba a la diestra de Dios, y dijo: He aquí, veo los cielos abiertos, y al Hijo del Hombre que está a la diestra de Dios. Entonces ellos, dando grandes voces, se taparon los oídos, y arremetieron a una contra él. Y echándole fuera de la ciudad, le apedrearon" (Hechos 7:55-58).

¡Esteban sacó a luz la mezcla de religiones y el doble ánimo! "Entonces hicieron un becerro, y ofrecieron sacrificio al ídolo, y en las obras de sus manos se regocijaron. Y Dios se apartó, y los entregó a que rindiesen culto al ejército del cielo; como está escrito en el libro de los profetas: ¿Acaso me ofrecisteis víctimas y sacrificios en el desierto por cuarenta años, casa de Israel? Antes bien llevasteis el tabernáculo de Moloc, y la estrella de vuestro dios Renfán, figuras que os hicisteis para adorarlas. Os transportaré, pues, más allá de Babilonia" (Hechos 7:41-43).

En esta edad de gracia, si uno mira a una mujer para codiciarla, ya ha cometido adulterio delante de Dios. Si uno odia a alguien, ya es un homicida. Y si le dicen a usted palabras crueles por haberse entregado del todo a Dios, ¡lo apedrean! "Los labios del necio traen contienda; y su boca los azotes llama. . . Las palabras del chismoso son como bocados suaves, y penetran hasta las entrañas" (Proverbios 18:6, 8). "Que afilan como espada su lengua; lanzan cual saeta suya, palabra amarga" (Salmo 64:3).

Jesucristo enseñó una parábola de un padre de familia que tenía una viña arrendada y envió a sus siervos por el fruto al tiempo de la cosecha. "Mas los labradores, tomando a los siervos, a uno golpearon, a otro mataron, y a otro apedrearon" (Mateo 21:35). ¡Así es todavía! Dios ha enviado a sus siervos santos a recoger el fruto de su viña, pero sólo encuentran ataques verbales, muerte por el odio y lapidación con palabras insultantes.

Tenemos una "compañía de Estebanes" en la actualidad que pueden decir: "¡Vemos los cielos abiertos!" Esa visión clara de Jesucristo, esa palabra cortante de verdad, es lo que provoca la ira de los incircuncisos de corazón.

Los israelitas trataron de apedrear a Josué y Caleb por su invitación a consagrarse del todo a Dios. Diez espías desanimaban al pueblo de Dios diciendo: "No podemos ir hasta el fin. ¡Hay demasiados gigantes! ¡Demasiados muros altos!" "Entonces Caleb. . . dijo: Subamos luego, y tomemos posesión de ella; porque

más podremos nosotros que ellos" (Números 13:30).
Ellos dijeron: "Designemos un capitán, y volvámonos
a Egipto" (Números 14:4). "Y Josué hijo de Nun y
Caleb hijo de Jefone, que eran de los que habían re-
conocido la tierra, rompieron sus vestidos, y hablaron a toda la congregación de los hijos de Israel,
diciendo: La tierra por donde pasamos para reco-
nocerla, es tierra en gran manera buena. Si Jehová se
agradare de nosotros, él nos llevará a esta tierra, y
nos la entregará; tierra que fluye leche y miel. Por
tanto, no seáis rebeldes contra Jehová, ni temáis al
pueblo de esta tierra; porque nosotros los comeremos
como pan; su amparo se ha apartado de ellos, y con
nosotros está Jehová; no los temáis. Entonces toda la
multitud habló de apedrearlos. Pero la gloria de Jehová se mostró en el tabernáculo de reunión a todos
los hijos de Israel" (Números 14:6-10).

En esta historia no me preocupan Josué y Caleb,
pues Dios estaba con ellos. Me preocupa ese pueblo
de Dios que rechina los dientes y recoge piedras. ¿Por
qué una invitación a la obediencia produjo tal reacción en ellos? ¡Examine usted la invitación! Estoy
convencido de que cuando un ídolo o la codicia cau-
tivan el corazón, la incredulidad se apodera de él.
La transigencia y la incredulidad van de la mano.
Entonces, toda predicación contra la transigencia los
irrita y terminan luchando contra Dios, mientras confiesan a ciegas su nombre.

Una advertencia

¿Cómo debe reaccionar el justo cuando lo rechacen, expulsen o apedreen? Jesucristo reaccionó como
un cordero "y no abrió su boca". No pida que llueva
fuego del cielo sobre los que abusan de usted. "¿Por

qué no sufrís más bien el agravio? ¿Por qué no sufrís más bien el ser defraudados?" (1 Corintios 6:7). "Nos maldicen, y bendecimos; padecemos persecución, y la soportamos" (1 Corintios 4:12). ¡Ore por los que lo usan de manera maliciosa!

No me ocupo de profetas egoístas y arrogantes que se defienden, amenazan o lanzan maldiciones por todas partes. Cuando Simei le lanzaba piedras a David desde una colina en su huida de Jerusalén y Absalón, el capitán del ejército dijo: "¿Por qué maldice este perro muerto a mi señor el rey?" David respondió: "Dejadlo que maldiga... quizá... me dará Jehová bien por sus maldiciones de hoy" (2 Samuel 16:6, 9, 11, 12).

Moisés subió hasta la cumbre de la montaña a encontrarse con Dios. "Y su rostro resplandecía." Y aunque todos los otros podían verlo, tanto que él tuvo que ponerse un velo sobre su rostro, "no sabía Moisés que la piel de su rostro resplandecía" (Exodo 34:29). No estaba consciente del reflejo de la santidad de Dios sobre él. Como Esteban, Moisés tampoco hacía ostentación de su toque de Dios. No se daban ínfulas de profeta. No amenazaban, ni hablaban de revelaciones "nuevas" o "especiales". No ponían el rostro solemne ni hacían despliegue de piedad falsa. La humildad es una característica de un alma que depende completamente de Cristo. ¡No existe el orgullo espiritual, ni la exclusividad!

La recompensa de la entrega completa

¿Cuál es la recompensa? ¡La presencia de Cristo con uno! Hay muchas otras recompensas a la completa consagración, pero menciono sólo una, porque es todo lo que necesitaremos siempre. Pablo fue encarcelado en una fortaleza de Jerusalén mientras todo el sistema religioso procuraba su muerte. La iglesia estaba alborotada. Lo acusaban de "profanar el lugar santo y de predicar doctrinas falsas". Aun los soldados temían que la gente despedazara a Pablo, de modo que lo tomaron por la fuerza y lo encarcelaron en un castillo. "A la noche siguiente se le presentó el Señor y le dijo: Ten ánimo, Pablo, pues como has testificado de mí en Jerusalén, así es necesario que testifiques también en Roma" (Hechos 23:11).

¡El Señor le habló a Pablo, no un ángel! Y ¡qué mensaje! ¡ANIMO! ¡TODAVIA FALTA MAS! Podemos enfrentarnos a cualquier cosa o persona si sabemos que ¡EL SEÑOR ESTA CON NOSOTROS!

6

El terrible pecado
de orgullo

El orgullo encabeza la lista de las cosas que Dios aborrece. "Seis cosas aborrece Jehová, y aun siete abomina su alma: Los ojos altivos, la lengua mentirosa, las manos derramadoras de sangre inocente, el corazón que maquina pensamientos inicuos, los pies presurosos para correr al mal, el testigo falso que habla mentiras, y el que siembra discordia entre hermanos" (Proverbios 6:16-19).

La Biblia dice además: "Porque todo lo que hay en el mundo, los deseos de la carne, los deseos de los ojos, y la vanagloria de la vida, no proviene del Padre, sino del mundo" (1 Juan 2:16).

La mayoría de los creyentes admiten que batallan contra los deseos de la carne y los ojos. Saben lo que es el deseo, lo aborrecen y huyen de él por el poder del Espíritu. Los creyentes en Cristo también reconocemos el orgullo en los demás porque parecen altaneros, egoístas, ambiciosos y de ideas elevadas.

Sin embargo, pocos creyentes se considerarían orgullosos. La mayoría de los cristianos admitiríamos que no hemos llegado a la meta, ni nos parecemos a Cristo tanto como quisiéramos, y que todavía hay cosas en nuestra vida que necesitan mejorarse. Con todo, pocos creyentes reconocen que tienen orgullo. ¿Lo acepta usted?

Muchos creyentes dirían: "Pues, tal vez sea seguro de mí y aun confiado. En el peor de los casos quizá me considere más talentoso o inteligente que otros, pero ¡no soy orgulloso! Debo a Dios todo lo que soy y he realizado. Todo está en su fuerza. ¿Orgulloso? No creo que pueda admitirlo con toda honestidad. Después de todo, camino en santidad y abro mi corazón para que lo escudriñe la Palabra de Dios. Seguro que El me lo hubiera mostrado."

El Espíritu Santo me habló recientemente al corazón sobre este odioso pecado. Dije: "Señor, ¿de veras quieres que predique un mensaje sobre el orgullo en mi iglesia? Debe haber orgullo en la congregación." La respuesta del Espíritu me dejó sorprendido. "No, David, quiero hablarte del orgullo, de las clases sutiles de orgullo de que eres culpable. Primero debes verlo en tu corazón, luego puedes predicarlo a otros." Como la mayoría de los cristianos, pensaba que por lo menos trataba de ser humilde. Nos cuidamos de no hacer alarde como los fariseos de ser mejores que todos los demás; pero en lo más profundo del corazón pensamos: "No soy arrogante, ostentoso ni ambicioso; entonces, ¿cómo podría ser orgulloso?"

La Palabra ha estado obrando en mí, sacando a luz formas de orgullo que no sabía que estuvieran tan profundamente inculcadas en mí, y de una forma de orgullo que es la peor de todas. Cuando el Espíritu dijo: "El orgullo en ti, David", yo respondí: "Pero Señor, no trato de ser importante. Tú lo sabes. No soy ostentoso ni altanero. Trato con toda sinceridad de disminuir para que Cristo pueda crecer. Si hay orgullo en mí, ni puedo verlo. Muéstramelo, por favor. ¡Descúbremelo!" ¡Y me lo mostró! Al recordar, tiemblo al pensar las muchas veces que cometí ese pecado aborrecible. Soy culpable de orgullo.

¿Qué es el orgullo?

Dios ve el orgullo de manera muy diferente a la nuestra. Me mostró que yo tenía una definición de orgullo demasiado restringida. Es verdad que hay un orgullo malvado, altanero y arrogante que se puede ver a nuestro derredor en estos días; pero también existe un orgullo espiritual. Lo cometen los que han andado cerca de Dios y se puede observar aun en los más santos de entre nosotros. Mientras más espirituales seamos, más revelaciones hayamos tenido y más cerca de El hayamos estado, tanto más horrendo es este pecado cuando lo cometemos. No es un hábito de vida, aunque puede llegar a serlo. Es un pecado que a menudo se comete aun de rodillas, mientras buscamos a Dios.

Para la comprensión de este mensaje, quiero darle nuevas definiciones de orgullo y humildad. El orgullo es *independencia*, la humildad es *dependencia*. El orgullo es no estar dispuestos a esperar a que Dios actúe a su tiempo y modo. El orgullo se apresura a resolver los asuntos él mismo. Una de las mayores tentaciones que se le presentan al creyente verdadero es el adelantarse a Dios; es actuar sin una orden clara de parte de Dios. Es tomar las cosas en nuestras manos cuando parece que Dios no obra con suficiente rapidez; es la impaciencia.

Saúl no pudo esperar el tiempo de Dios

Saúl cometió ese terrible pecado en Gilgal, como se relata en 1 Samuel 10. Cuando Samuel ungió a

Saúl como rey "él habló con Saúl en el terrado" (1 Samuel 9:25). Esa conversación en el terrado se centró en la gran guerra que tendrían con los filisteos. Samuel estaba preparando a Saúl, informándole que tenía el llamamiento divino para terminar con esa esclavitud. Al madurar el tiempo, cuando los filisteos e Israel estaban a punto de comenzar la guerra, Samuel le ordenó a Saúl que no actuara, ni fuera a la guerra, hasta que todo el pueblo se reuniera en Gilgal a pedir al Señor instrucciones claras. "Luego bajarás delante de mí a Gilgal... Espera siete días, hasta que yo venga a ti y te enseñe lo que has de hacer" (1 Samuel 10:8). Esa sería una obra total de Dios. El solo quiere tener todo el control.

Samuel representa la voz de Dios. Ni una de sus palabras "cayó en tierra". Dios, por medio de Samuel, los dirigiría de modo sobrenatural y soberano. "Te enseñaré lo que debes hacer." Dios haría todos los planes; les mostraría la manera de guerrear. Se le dijo a Saúl que no hiciera nada más que ir al altar de Gilgal y esperar la llegada del mensaje, pero la guerra comenzó cuando Jonatán atacó una guarnición en Gabaa. "Y Jonatán atacó a la guarnición de los filisteos que había en el collado, y lo oyeron los filisteos. E hizo Saúl tocar trompeta por todo el país, diciendo: Oigan los hebreos. Y todo Israel oyó que se decía: Saúl ha atacado a la guarnición de los filisteos; y también que Israel se había hecho abominable a los filisteos. Y se juntó el pueblo en pos de Saúl en Gilgal" (1 Samuel 13:3, 4).

Saúl esperaba con impaciencia. "Y se juntó el pueblo en pos de Saúl en Gilgal." Israel estaba presa de pánico mientras se acercaba un gran ejército filisteo con miles de carros, y 6.000 jinetes y hombres que les parecían tan numerosos como la arena de la playa. Los soldados de Saúl desertaban por todos lados.

Había sido en su mejor condición una banda heterogénea que no tenía ni una espada. Todo lo que tenían eran hoces, hachas y herramientas agrícolas. Esa era la crisis bélica de que Samuel había hablado con Saúl meses antes en el terrado. Se trataba de un tiempo de reunión en Gilgal para esperar las órdenes claras de Dios, pero Saúl le puso a Dios límites para la espera. Si el mensaje no llegara a cierta hora, Saúl decidiría hacer lo que fuera necesario para salvar la situación. "Y él esperó siete días, conforme al plazo que Samuel había dicho; pero Samuel no venía a Gilgal, y el pueblo se le desertaba. Entonces dijo Saúl: Traedme holocausto y ofrendas de paz. Y ofreció el holocausto" (1 Samuel 13:8, 9).

No se trataba de esperar solamente, sino de esperar *hasta* que llegara el mensaje y se dieran las instrucciones del cielo. "Espera. . . hasta que yo venga a ti y te enseñe. . ." ¿Por qué se tardó Samuel unas pocas horas? Porque era una prueba para ver si Saúl creía que Dios era digno de confianza, y si Saúl confiaba y obedecía aunque las cosas no sucedieran como se habían programado. Samuel se demoró porque Dios le habló con claridad y le dijo que se tardara. Dios quería que Saúl fuera un ejemplo de dependencia humilde de Dios en todas las cosas, especialmente en las crisis graves.

Saúl no pasó la prueba. Examinó las condiciones y todo parecía sin esperanza. Lo dominó un espíritu de impaciencia. La lógica le decía que se hacía demasiado tarde y que habría que hacer algo. Me parece oírlo: "Ya no puedo seguir en esta indecisión. Dios me envió a hacer su obra y estoy dispuesto a morir por su causa, pero estoy aquí sentado sin hacer nada. No hay dirección ni órdenes de Dios. Tengo que hacer que ocurra algo o si no, todo terminará. Si seguimos sin hacer nada, perderemos todo el control." Esto es orgullo absoluto; la necesidad de estar en control de la situación. Saúl en realidad creía que las cosas giraban sin control.

Yo he fallado con frecuencia en eso mismo. Me disgusta no estar en control de las situaciones. No es que yo quiera ser el jefe ni dominar a otros. No me gusta la sensación de incapacidad y dependencia. En Nueva York, he tenido que vivir por primera vez en un apartamento elevado a merced del dueño, el superintendente, el sindicato, los ascensores y los calentadores descompuestos. Cuando las cosas no funcionan, tengo que esperar mucho a que las arreglen. Le digo a mi esposa: "Estoy hastiado de esto. Vamos a comprarnos un lugar para que tengamos el control. ¡Esto es ridículo!" Quiero tener el control.

Con respecto a nuestra iglesia, a veces me siento como Saúl cuando las imposibilidades se ciernen por todos los lados. Parecemos tan impotentes y el enemigo tan grande y poderoso. El deseo de tener el control me pone muy ansioso. No me gusta tener que vivir arrendando y a merced de diferentes propietarios. Dios nos ha prometido un lugar permanente, pero ¡lo quiero ahora mismo! Estoy impaciente, pues hay tanto por hacer y queda muy poco tiempo. Pienso para mis adentros: "¿Cuánto tiempo, Señor? No me gusta perder el control. ¡Necesitamos acción!"

No obstante, Dios dice: "¿Confías en mí? ¡Espera! Después de hacer todo lo que puedes, quédate quieto y mira la salvación del Señor." La parte más difícil de la fe es la última media hora, poco antes de que aparezca la respuesta y Dios se disponga a obrar un milagro. Es cuando nos desanimamos, desmayamos y tratamos de hacer que ocurra algo. Eso es un orgullo pecaminoso. "Y cuando él acababa de ofrecer el holocausto, he aquí Samuel que venía; y Saúl salió a recibirle, para saludarle" (1 Samuel 13:10). Tan pronto como él tomó el control de las cosas, Samuel llegó. ¡La dirección divina estaba a la puerta, a sólo unos minutos, pero Saúl no pudo esperar!

Lo que implica no esperar a que Dios obre

Acusamos a Dios de engaño. Al obrar con impaciencia y por su propia cuenta, Saúl quiso decir: "Dios me envió a hacer su obra, pero me dejó que buscara la manera de realizarla. Me dijo que hiciera esto, pero ahora me hace sentar a esperar. Si Dios no responde, no puede juzgarme por hacer lo que tengo que hacer." El hacer el papel de dios es un orgullo terrible. Es acusar a Dios de descuido. Se nos manda, lo mismo que a Saúl, a esperar al Señor, a quedarnos quietos y ver su salvación, a confiar en El en todo tiempo para que pueda dirigirnos en nuestro sendero; pero cuando la fecha límite que ponemos ha pasado, nos enojamos con Dios y no podemos esperar, corremos a hacer que las cosas ocurran. Decimos con nuestros hechos: "Dios no se preocupa de mí. Me ha quedado mal. La oración y la espera no funcionan. Las cosas empeoran. No podemos sentarnos aquí a que nos sorprendan." En realidad, no confiamos en su Palabra.

La orden de Samuel fue: "Ve a Gilgal y espera... iré y recibirás instrucciones." Delante de Dios, Saúl sólo tenía la responsabilidad de esperar el mensaje. Dios quería oír a Saúl decir: "Dios cumple su palabra; ni una sola vez una palabra de los labios de Samuel ha dejado de cumplirse. Dios dijo que esperara instrucciones y esperaré. No importa si todo el ejército deserta. Aunque todos los israelitas se acobarden y todos los hombres sean mentirosos, si es necesario, Dios puede enviarme un ejército de ángeles. Esta guerra no es mía. No tengo la menor idea de cómo atacar a este gran enemigo. Todo está en sus manos. Todo lo que me han mandado a hacer es esperar las órdenes."

Las razones del orgullo son: "Dios no debe haber querido decir eso. Tal vez le oí mal. El problema es de mi vista y mi oído." En vez de permanecer firmes en la Palabra de Dios, comenzamos a ver la manera de solucionar las cosas. En la cama, a altas horas de la noche, decimos: "Señor, así es como creo que se puede hacer." Es malo hacer algo muy lógico y razonable cuando no es la instrucción clara de Dios. Puede ser que la única opción abierta sea la conclusión de hombres sabios y mentes lógicas, pero es pecado si no es la palabra que viene de esperar sólo en Dios. Tenemos que librarnos de la presión del desempeño, de hacer algo siempre. Uno no tiene que hacer nada sino estar firme en la Palabra de Dios. Si uno quiere probarle algo a Dios, que sea la paciencia para esperar a que El actúe. ¿Cree usted de veras que Dios cumple lo que dice? ¡Es peligroso adelantársele a Dios! Eso es independencia.

"Entonces Samuel dijo: ¿Qué has hecho? Y Saúl respondió: Porque vi que el pueblo se me desertaba, y que tú no venías dentro del plazo señalado, y que los filisteos estaban reunidos en Micmas, me dije: Ahora descenderán los filisteos contra mí a Gilgal, y yo no he implorado el favor de Jehová. Me esforcé, pues, y ofrecí holocausto. Entonces Samuel dijo a Saúl: Locamente has hecho; no guardaste el mandamiento de Jehová tu Dios que él te había ordenado; pues ahora Jehová hubiera confirmado tu reino sobre Israel para siempre. Mas ahora tu reino no será duradero. Jehová se ha buscado un varón conforme a su corazón, al cual Jehová ha designado para que sea príncipe sobre su pueblo, por cuanto tú no has guardado lo que Jehová te mandó" (1 Samuel 13:11-14).

Saúl esperó siete días, pero esa espera fue impía. Estaba impaciente, enojado, asustado y de mal humor. Debemos esperar con fe, creyendo que Dios se interesa en nosotros y nos ama, y que El estará allí a su tiempo. Este asunto de la espera es tan importante que debo citar unos versículos de las Escrituras para probarlo.

"Y se dirá en aquel día: He aquí, éste es nuestro Dios, le hemos esperado, y nos salvará; éste es Jehová a quien hemos esperado, nos gozaremos y nos alegraremos en su salvación" (Isaías 25:9).

"Ni nunca oyeron, ni oídos percibieron, ni ojo ha visto a Dios fuera de ti, que hiciese por el que en él espera" (Isaías 64:4).

Compárese el orgullo impaciente de Saúl con la espera de David a que Dios lo dirigiera. ¡Qué hermoso y claro! "Y los filisteos volvieron a venir, y se extendieron en el valle de Refaim. Y consultando David a Jehová, él le respondió: No subas, sino rodéalos, y vendrás a ellos enfrente de las balsameras. Y cuando oigas ruido como de marcha por las copas de las balsameras, entonces te moverás; porque Jehová saldrá delante de ti a herir el campamento de los filisteos. Y David lo hizo así, como Jehová se lo había mandado; e hirió a los filisteos desde Geba hasta llegar a Gezer" (2 Samuel 5:22-25). El enemigo estaba esparcido delante de él, pero ¡David debía recibir el mensaje de Dios! Sólo entonces entraría en acción.

La servidumbre

El orgullo se repele con la idea de la servidumbre. Hoy en día todo el mundo quiere ser cualquier otra cosa menos siervo. Un juego favorito de los niños se llama "Amos del Universo", pero eso también se está convirtiendo en la teología de muchos cristianos. La Biblia dice: "Así que ya no eres esclavo, sino hijo; y si hijo, también heredero de Dios por medio de Cristo" (Gálatas 4:7). Lo que Pablo dice es que un hijo, a quien se ha enseñado correctamente, sabe que tiene todo el derecho legal de hijo del rey, pero ama tanto a su padre que decide hacer el papel de siervo. Pablo dijo que él era "siervo de Jesucristo" (Romanos 1:1). Santiago se llamó "siervo de Dios y del Señor Jesucristo" (Santiago 1:1). Y Cristo el Señor, el Hijo de Dios "se despojó a sí mismo, tomando forma de siervo, hecho semejante a los hombres. . . y. . . se humilló a sí mismo, haciéndose obediente hasta la muerte, y muerte de cruz" (Filipenses 2:7, 8). "Haya, pues, en vosotros este sentir que hubo también en Cristo Jesús" (versículo 5). Un siervo no tiene voluntad propia; la palabra de su amo es su voluntad.

La cruz representa la muerte de todos mis planes, ideas, deseos, esperanzas y sueños. Es más que todo la muerte absoluta de mi voluntad. Esto es verdadera humildad, la cual se asocia sólo con la cruz. "Se humilló a sí mismo. . . hasta la muerte. . . de cruz." Les había dicho a sus discípulos: "Mi comida es que haga la voluntad del que me envió, y que acabe su obra" (Juan 4:34). Y "No puedo yo hacer nada por mí mismo; según oigo, así juzgo" (Juan 5:30). En otras palabras: "No quiero tomar la iniciativa. ¡Espero recibir todas las instrucciones de mi Padre!" Aquel que es la Luz, la inteligencia absoluta, que sabe todas las cosas, se humilla y se pone en dependencia completa del Padre en todo. Por eso dijo: "No puedo yo hacer nada por mí mismo."

Juan escribió: "Como él es, así somos nosotros en este mundo" (1 Juan 4:17). Sólo un creyente verdadero puede decir: "De veras quiero hacer su voluntad perfecta." Pero erramos en que ponemos el corazón en algo que queremos, parece bueno y lógico, pero no es la voluntad de Dios. Ayunamos, oramos e intercedemos para obtenerlo; derramamos un río de lágrimas, lo reclamamos, reprendemos a los demonios que estorban nuestra posesión de lo que queremos, citamos la Biblia y ponemos a otros de acuerdo con nosotros.

Unas de las trampas principales que se le presentan al creyente son: Una buena idea que no viene de Dios, una estrategia buena que no es de El y un plan bien concebido que no le pertenece a Dios. Pregunto: ¿Puede el deseo de uno sobrevivir a la cruz? ¿Puede uno apartarse de El y morir a El? ¿Puede uno decir con sinceridad: "Señor, tal vez no es el diablo que me detiene, sino tú. Si no es tu voluntad, el deseo puede destruirme. ¡Lo entrego a la cruz y a la muerte! ¡Qué sea como tú quieras, Señor!"?

Se oye su voz cuando uno desciende a la tumba del "yo", todas las ambiciones y la voluntad propia. Jesús dijo: "Viene la hora, y ahora es, cuando los muertos oirán la voz del hijo de Dios. . . todos los que están en los sepulcros oirán su voz" (Juan 5:25, 28). Por esto millares de cristianos ahora se meten en dificultades al oír "voces". Hay confusión y las cosas no salen bien, porque no han sacrificado su voluntad. Yo creo que Dios habla con sus hijos. Se puede oír su voz verdadera, santa e inconfundible, pero sólo después de la crucifixión de la voluntad y el deseo propios. Jesús oía al Padre con claridad. También Pablo, Pedro, Juan y Esteban; pero sólo porque estaban muertos para el mundo. Estaban consagrados del todo a hacer la voluntad de Dios solamente.

¿Qué es la humildad?

La humildad es la dependencia completa de Dios. Es confiar en que Dios hará lo correcto, a la hora debida y de la mejor manera. Es confiar en que El lo usará a uno de manera correcta, en la hora precisa. La humildad es esperar con paciencia al Señor con un espíritu de fe profunda. El orgullo no es paciente. "Guarda silencio ante Jehová, y espera en él. No te alteres con motivo del que prospera en su camino, por el hombre que hace maldades. . . No te excites en manera alguna a hacer lo malo" (Salmo 37:7, 8). Esto nos dice: "No te disgustes por el éxito aparente de los que parece que te están adelantando. Ellos buscan las sendas más cortas. Ellos reciben bendición y prosperidad, mientras tú te sientas a confiar en Dios y orar." Dios dice: "Espera. Ellos están en terreno resbaloso. No te lamentarás si lo haces a mi modo. La paciencia hace su obra en ti. Te fortaleces al esperar con fe. ¡Qué la paciencia haga su obra perfecta en ti!"

La persona con experiencia en la piedad no es el creyente demasiado ocupado. Más bien es el que espera con paciencia a Dios con fe. Adquiere experiencia, como se nos dice en Romanos 5:4. "Hermanos míos, tomad como ejemplo de aflicción y de paciencia a los profetas que hablaron en nombre del Señor. He aquí, tenemos por bienaventurados a los que sufren. Habéis oído de la paciencia de Job, y habéis visto el fin del Señor, que el Señor es muy misericordioso y compasivo" (Santiago 5:10, 11). Dios iguala el andar con dignidad delante de El con la paciencia y la longanimidad. "Para que andéis como es digno del Señor, agradándole en todo. . .

fortalecidos con todo poder, conforme a la potencia de su gloria, para toda paciencia y longanimidad" (Colosenses 1:10, 11).

La promesa de Jesús para los postreros días

¡Jesús nos ha dejado una promesa gloriosa que nos ayude a sobrellevar los días tenebrosos que vendrán! Dijo: "Por cuanto has guardado la palabra de mi paciencia, yo también te guardaré de la hora de la prueba que ha de venir sobre el mundo entero, para probar a los que moran sobre la tierra" (Apocalipsis 3:10). Jesús dice: "Permaneciste fiel cuando te probó el mundo. Con gozo esperaste a que yo resolviera las cosas. Ahora, mientras estás rodeado de confusión y la prueba mundial está en marcha, te guardaré de ella. ¡Has probado que confiarás en mí, pase lo que pase!"

El Señor está preparando ahora mismo a un pueblo humilde que ha probado la fidelidad de Dios. No sólo dicen: "Dios tiene todo bajo control," sino que de veras le permiten que tome el control de su vida. "No tendrá temor de malas noticias; su corazón está firme, confiado en Jehová" (Salmo 112:7).

7

La doctrina de Jezabel

Podría ponerle a este mensaje el subtítulo "El peligro de seducción de las doctrinas falsas". Léase Apocalipsis 2:18-29 y se verá que Cristo advirtió a la iglesia contra la doctrina de Jezabel. "Toleras que esa mujer Jezabel, que se dice profetisa, enseñe y seduzca a mis siervos a fornicar y a comer cosas sacrificadas a los ídolos" (Apocalipsis 2:20). La palabra griega para Jezabel es sinónimo de maestro falso. Ella representa claramente las doctrinas falsas. Jesucristo aclara el asunto al continuar: "A cuantos no tienen esa doctrina" (Apocalipsis 2:24).

Tenemos aquí un grupo del pueblo de Dios, lleno de buenas obras y caridad, que tiene una forma de fe y paciencia. No obstante, los ojos de Jesucristo aparecen echando llamas de fuego. Con todo lo que es bueno y elogiable, hay algo muy peligroso que sucede, algo tan seductor que Cristo advierte que enviará juicio y los hará un ejemplo para todas las iglesias. Ciertas personas de la iglesia se estaban vendiendo a Satanás. Sus buenas obras, caridad, servicio, fe y paciencia se veían ensombrecidas por una seducción en que estaban involucrados, una seducción de doctrina falsa. Estaban bajo el hechizo de una enseñanza falsa que llegó disfrazada como la Palabra verdadera pero era en realidad mala.

La seducción de los siervos de Dios

Cristo dijo que se seducía a sus siervos. Hemos llegado a esa peligrosa condición sobre la que Cristo nos advirtió. Hay multitudes de pastores, maestros y evangelistas bajo el hechizo seductor de la doctrina de Jezabel. Los maestros seducidos a su vez producen "hijos de seducción". Enseñan la fornicación y el consumo de comida de ídolos, esto es la fornicación espiritual. Esto es comer la comida demoniaca de doctrinas que excusan el pecado.

Quiero decir, con toda certeza, que es peligroso recibir enseñanzas erróneas. La doctrina falsa lo puede condenar a uno más pronto que toda la codicia y los pecados de la carne. Los predicadores y maestros falsos mandan más gente al infierno que todos los vendedores de drogas, dueños de burdeles y prostitutas juntos. No es exageración; lo creo. Muchos cristianos ciegos y engañados cantan y alaban al Señor en iglesias esclavizadas por doctrinas falsas. Hay millares que escuchan a maestros que vierten la doctrina de demonios, y salen diciendo: "¡Qué maravilloso!"

Cristo no toma este asunto a la ligera. Sus ojos otra vez penetran en la Iglesia, y El ha venido a advertir, exponer y salvar a su pueblo y sus siervos de esa terrible seducción. Más vale que tomemos esto en serio. Asuntos serios son a cuál iglesia asistimos, a quién escuchamos y la enseñanza que posee nuestro corazón.

El pueblo de Dios se está vendiendo a Satanás por todos lados al entregarse en las manos de maestros falsos y distribuidores de doctrinas falsas. La entrega a Satanás trae a la mente imágenes de adictos a las drogas, alcohólicos, prostitutas afligidas por el SIDA y de ateos aborrecedores de Dios; pero también ocurre en la Iglesia, en reuniones y convenciones evangélicas y en grandes seminarios docentes.

La señal de un creyente seducido es que se deja "arrastrar" en busca de enseñanzas nuevas, diferentes y extrañas. La Biblia advierte: "No os dejéis llevar de doctrinas diversas y extrañas" (Hebreos 13:9). No se dejen llevar de aquí para allá y de un lugar a otro. No habla aquí de las pocas ocasiones cuando un creyente maduro va a oír a un verdadero hombre de Dios que predique a Cristo y el arrepentimiento. Se refiere más bien al correr de un lugar a otro, de seminarios a convenciones, de iglesia en iglesia, de reuniones de milagros a las de sanidad sin echar raíces en ninguna parte. Sus oídos siempre tienen comezón de oír algo nuevo, sensacional, divertido y que agrade a la carne. Los vemos en nuestra iglesia; son vagabundos como plantas rodadoras humanas llevadas por diversos vientos de doctrinas. Este tipo de personas no vuelve porque no queremos predicarles lo que sea de su agrado. Quieren ser complacidos, no reprobados. Entonces vuelven a sus maestros arrulladores y felices de pensamiento positivo. Se parecen a los atenienses que "en ninguna otra cosa se interesaban sino en decir o en oír algo nuevo" (Hechos 17:21). Pablo le advirtió a Timoteo: "No sufrirán la sana doctrina, sino que teniendo comezón de oír, se amontonarán maestros conforme a sus propias concupiscencias" (2 Timoteo 4:3).

La doctrina de Cristo

La señal de los creyentes maduros es el rechazo a ser "llevados por doquiera de todo viento de doctrina" (Efesios 4:14). Ningún maestro puede manipular a tales creyentes. No necesitan correr a todas partes pues beben de la Roca. Están creciendo en Cristo. Se alimentan en verdes pastos. Tienen oídos circuncidados y miden a todos los maestros y doctrinas en la medida en que se conformen a la santidad de Cristo. Pueden discernir todas las doctrinas falsas y repudian las enseñanzas nuevas y extrañas. Han aprendido a Cristo. No los dominan la música, los amigos, las personalidades ni los milagros, sino un deseo intenso por la Palabra pura.

Hay sólo dos doctrinas. La doctrina de Cristo y la de Jezabel. Pablo dijo: "Para que en todo adornen la doctrina de Dios nuestro Salvador" (Tito 2:10). ¿Cuál es la doctrina de Cristo? "La gracia de Dios se ha manifestado. . . enseñándonos que, renunciando a la impiedad y a los deseos mundanos, vivamos en este siglo sobria, justa y piadosamente" (Tito 2:11, 12). La doctrina de Cristo nos conforma a la imagen de Cristo, y sacará a la luz todos los pecados ocultos y los deseos malos.

¿Reprende su maestro con autoridad al hablar y lo exhorta a dejar el pecado y abandonar todos los ídolos como se le indica en Tito 2? ¿Está usted aprendiendo a aborrecer muchísimo el pecado? O ¿sale usted de la iglesia sin convicciones profundas? ¿Continúa aferrado a sus pecados favoritos? El mensaje de la doctrina de Cristo es: "Limpiémonos de toda contaminación de carne y de espíritu, perfeccionando la santidad en el temor de Dios" (2 Corintios 7:1).

Muchos nos escriben diciendo: "Nuestro pastor insiste en decir: 'No estoy aquí para predicar contra el pecado, sino para exaltar a Jesús.' Y también: 'No habrá predicación condenatoria desde este púlpito; estoy aquí para quitarle el temor y la depresión a mi gente.' " Aun entre los predicadores pentecostales hay dos extremos. Unos anuncian a gritos un evangelio legalista y duro, sin amor y fundado en las obras; mientras que otros predican contra el pecado como cobardes, retractándose de lo dicho en el mismo mensaje. Amor falso y lágrimas de cocodrilo.

La doctrina de Cristo es de piedad y santidad. "Si alguno enseña otra cosa, y no se conforma a las sanas palabras de nuestro Señor Jesucristo, y a la doctrina que es conforme a la piedad, está envanecido, nada sabe, y delira acerca de cuestiones y contiendas de palabras, de las cuales nacen envidias, pleitos, blasfemias, malas sospechas" (1 Timoteo 6:3, 4). Algunos dicen: "Mi maestro habla de la santidad," pero yo no quiero decir el uso solamente de palabras como "santo" y "piadoso", sino la predicación sobre la santidad con toda autoridad. La predicación de la doctrina de Cristo bendecirá, fortalecerá y animará, pero también nos convencerá de modo tan profundo que no podremos soportarla y seguir apegados a codicias secretas.

La doctrina de Jezabel

Examinemos esa doctrina de demonios y veamos si estamos en peligro de vendernos a Satanás. Hay tres señales distintivas de la doctrina de Jezabel. Todas se hallaban en la Jezabel del Antiguo Testamento, la madre y prototipo de las doctrinas falsas. Jesucristo hizo del nombre de ella un sinónimo de doctrina falsa. Es una doctrina que enseña que algo malo puede ser bueno y que lo profano puede ser puro.

Jezabel en hebreo significa "casta, virtuosa, sin idolatría". Imagínese; se llama virtuosa y sin pecado a la mujer más odiosa, tramposa, idólatra e impía de toda la Biblia. Algo muy malo tiene un nombre bueno. No obstante, lo más irónico es que no se sabe cómo, cuándo ni dónde pudo haber sido "casta".

Y veamos a Acab. "Y Acab hijo de Omri hizo lo malo ante los ojos de Jehová, más que todos los que reinaron antes de él. Porque le fue ligera cosa andar en los pecados de Jeroboam hijo de Nabat, y tomó por mujer a Jezabel, hija de Et-baal rey de los sidonios, y fue y sirvió a Baal, y lo adoró" (1 Reyes 16:30, 31). Acab significa: "como el padre" o "marcado con la naturaleza de su padre". Jezabel representa la doctrina falsa y Acab es su víctima. La Biblia declara que no bastó· que Acab tuviera un corazón inclinado hacia el pecado, la idolatría y la transigencia; sino que trajo a su vida una influencia satánica que lo confirmó en su pecado. "A la verdad ninguno fue como Acab, que se vendió para hacer lo malo ante los ojos de Jehová; porque Jezabel su mujer lo incitaba" (1 Reyes 21:25).

El mensaje es que la tendencia de los creyentes que se aferran a pecados y codicias secretas es a abrazar y unirse a doctrinas falsas que los incitan y confirman en sus pecados. Lo último que le hacía falta a Acab era una Jezabel. ¡Qué peligro! Ella le hizo manifestar lo peor que había en él, lo magnificó y lo destruyó. Así pasa con la doctrina falsa. Si hay algún pecado, codicia o mundanalidad en uno, lo último que uno necesita es una doctrina que le adule lo peor.

Cuando David pecó con Betsabé, no necesitó un profeta falso con un mensaje arrullador que le dijera cuánto lo amaba Dios. Fue necesario el profeta intransigente Natán que lo señaló con un dedo y le gritó: "Tú eres ese hombre." Los que predican la doctrina de Cristo le muestran a la gente la diferencia entre el bien y el mal. No hay doctrinas mezcladas en sus labios. "Y enseñarán a mi pueblo a hacer diferencia entre lo santo y lo profano, y les enseñarán a discernir entre lo limpio y lo no limpio" (Ezequiel 44:23).

Ezequiel denuncia a los profetas falsos que se enriquecen con la predicación de un mensaje que excusa el pecado. "Hay conjuración de sus profetas en medio de ella, como león rugiente que arrebata presa; devoraron almas, tomaron haciendas y honra, multiplicaron sus viudas en medio de ella. Sus sacerdotes violaron mi ley, y contaminaron mis santuarios; entre lo santo y lo profano no hicieron diferencia, ni distinguieron entre inmundo y limpio. . . y yo he sido profanado en medio de ellos. . . Y sus profetas. . . diciendo: Así ha dicho Jehová el Señor; y Jehová no había hablado" (Ezequiel 22:25, 26, 28).

Como resultado tenemos una generación de jóvenes confundidos que ni pueden reconocer el mal cuando lo ven. Los falsos profetas los han engañado. Llaman bien a una banda de músicos con el pelo teñido de morado, vestidos como sado-masoquistas, que hacen giros y contoneos sexuales en el púlpito mientras retumban sus ruidos de "rock". Les dicen que las relaciones sexuales fuera del matrimonio son buenas si uno está enamorado y respeta de veras a la otra persona. Hay predicadores y maestros convertidos en los mejores defensores del pecado.

La doctrina de Jezabel promueve la avaricia

"Nabot respondió a Acab: Guárdeme Jehová de que yo te dé a ti la heredad de mis padres. Y vino Acab a su casa. . . y se acostó en su cama, y volvió su rostro, y no comió. Vino a él su mujer Jezabel, y le dijo: ¿Por qué está tan decaído tu espíritu, y no comes?. . . ¿Eres tú ahora rey sobre Israel? Levántate, y come y alégrate; yo te daré la viña de Nabot de Jezreel" (1 Reyes 21:35, 7).

Esta es la doctrina de Jezabel: "Eres rey. Número uno. Tienes derechos. Que nada te impida conseguir lo que quieras." Le dijo a Acab: "Alégrate, regocíjate, te la conseguiré." Ese es el evangelio de la prosperidad en resumen. "No sudes. No te sientas triste ni condenado por esos deseos que te consumen. Te lo conseguiré." Durante siglos la Iglesia predicó el sacrificio y denunció la avaricia, llamando pecado a la ambición de cosas materiales; pero aparecieron las doctrinas de Jezabel que dicen: "Te lo conseguiré." Como los métodos engañosos que usó Jezabel, esas doctrinas tuercen y usan mal las Escrituras.

El engaño mayor de la Iglesia moderna es el uso de la Palabra de Dios para dar su sello de aprobación a la avaricia. En la superficie la doctrina de Jezabel da resultados (véase 1 Reyes 21:14-16). Le consiguió a Acab lo que quería. El usó sus derechos porque cuando un hombre era lapidado por alta traición contra el rey, todas sus posesiones pasaban al rey. Nunca se ha puesto en duda que para muchos esa doctrina de la prosperidad funciona bien. Como en el caso de Acab, ellos disfrutan de sus posesiones.

Sin embargo, Acab no pudo disfrutar de esa posesión mucho tiempo debido a un profeta enfadoso de Dios. "Entonces vino palabra de Jehová a Elías tisbita, diciendo: Levántate, desciende a encontrarte con Acab. . . en la viña de Nabot, a la cual ha descendido para tomar posesión de ella. Y le hablarás diciendo: Así ha dicho Jehová: ¿No mataste, y también has despojado?. . . En el mismo lugar donde lamieron los perros la sangre de Nabot, los perros lamerán también tu sangre, tu misma sangre. Y Acab dijo a Elías: ¿Me has hallado, enemigo mío? El respondió: Te he encontrado, porque te has vendido a hacer lo malo delante de Jehová" (1 Reyes 21:17-20).

Imaginemos a Acab recorriendo su nueva posesión y diciendo: "¡Qué dulce es la vida! Ah, Jezabel. Tal vez yo no esté de acuerdo con todos sus métodos, pero ella consigue lo que se propone." Pero el profeta Elías le seguía los pasos muy de cerca. Acab se dio vuelta, sorprendido. Sabía lo que le esperaba. Su conciencia le dijo: "¿Me has hallado, enemigo mío?"

Así es en la actualidad. Dios ha enviado profetas por toda la tierra, clamando, confrontando la doctrina materialista de Jezabel y haciendo que los creyentes en Cristo nos sintamos incómodos al disfrutar de nuestros juguetes y adquisiciones a las que nos hemos vendido. No podemos verlo, pero el pecado está detrás de todo eso. Cada vez que clamo contra la doctrina de prosperidad, siento que el espíritu y el poder de Elías están sobre mí. Oiremos cada vez más sermones que saquen a luz esa doctrina de Jezabel. Por todas partes, se oirán altas y claras las voces proféticas que griten: "¡Pecado. Ustedes poseen al venderse al pecado!"

Jezabel odia a los profetas de Dios y las profecías divinas

"Acab dio a Jezabel la nueva de todo lo que Elías había hecho, y de cómo había matado a espada a todos los profetas. Entonces envió Jezabel a Elías un mensajero, diciendo: Así me hagan los dioses, y aun me añadan, si mañana a estas horas yo no he puesto tu persona como la de uno de ellos" (1 Reyes 19:1, 2).

Los creyentes esclavizados por la doctrina de Jezabel no respetan a los santos profetas de Dios. Se sientan con frialdad, como Jezabel, sin conmoverse, mientras Acab le declaraba con detalles el despliegue milagroso de autoridad sobrenatural sobre el monte Carmelo. Escuchemos lo que dice Acab: "Jezabel, tal vez debemos escuchar. Lo vi por mí mismo. Nuestros profetas danzaron y gritaron por horas, pero no hubo poder. Elías sólo dijo la palabra de Dios y cayó fuego. La gente se postraba por todas partes en arrepentimiento. Se han apartado de toda idolatría. Dios envió un avivamiento de santidad." Pero Jezabel no estaba impresionada. Todo lo que se consiguió fue endurecer como piedra su decisión.

Así es ahora. Los maestros de la doctrina de Jezabel y los que como Acab son sus víctimas no reciben la convicción del Espíritu Santo, ni el mensaje de arrepentimiento y santidad. Lo oyen, y luego siguen su camino más decididos que nunca antes a seguir sus doctrinas. No hay temor de Dios delante de sus ojos.

Una señal segura de un maestro falso y una doctrina de Jezabel es el restarle importancia a las advertencias proféticas y el no querer oír acerca del juicio. Dicen que es una predicación fatalista y pesimista. Se ríen y burlan de ella para ponerla en ridículo. No les importan las advertencias negativas. Jeremías dice que tales pastores son ciegos y mudos. El Señor dijo: "Les mandé, diciendo: Escuchad mi voz . . . Y no oyeron ni inclinaron su oído; antes caminaron en sus propios consejos, en la dureza de su corazón malvado, y fueron hacia atrás y no hacia adelante" (Jeremías 7:23, 24).

Los que enseñan la doctrina de Jezabel dicen ser profetas, pero hay una prueba para separar a los profetas falsos de los verdaderos. Los profetas de Jezabel profetizaban solamente cosas buenas, paz y prosperidad. "Y en los profetas de Jerusalén he visto torpezas; cometían adulterios, y andaban en mentiras, y fortalecían las manos de los malos, para que ninguno se convirtiese de su maldad; me fueron todos ellos como Sodoma, y sus moradores como Gomorra. Por tanto, así ha dicho Jehová de los ejércitos contra aquellos profetas: He aquí que yo les hago comer ajenjos, y les haré beber agua de hiel; porque de los profetas de Jerusalén salió la hipocresía sobre toda la tierra. Así ha dicho Jehová de los ejércitos: No escuchéis las palabras de los profetas que os profetizan; os alimentan con vanas esperanzas; hablan visión de su propio corazón, no de la boca de Jehová. Dicen atrevidamente a los que me irritan: Jehová dijo: Paz tendréis; y a cualquiera que anda tras la obstinación de su corazón, dicen: No vendrá mal sobre vosotros" (Jeremías 23:14-17). No hace apartar a la gente de la maldad. Hablan de sueños y actúan neciamente en el púlpito. Son unos payasos.

El pacto de Acab con el mundo

Acab sí se arrepintió a la predicación de Elías. Su mensaje lo afectó profundamente. Rasgó sus vestiduras y anduvo por un poco de tiempo en humildad. Dios consideró eso como arrepentimiento: "¿No has visto cómo Acab se ha humillado delante de mí?" (1 Reyes 21:29). A partir de ese día podía recordar y decir: "¿Arrepentimiento? Sí; por la predicación de aquel gran profeta de Dios, Elías, en mi huerto de Jezreel." Para él eso fue la experiencia de un día, no el andar diario con Dios. No duró mucho. El problema era que él tenía un pacto con el mundo. Estaba comprometido con el pecado. Se había convertido en hermano y amigo del mundo. Por "hermano" quiero decir "afín, uno como yo, a quien respeto". El tenía un pacto con lo que Dios había maldecido. Y así hoy en día existe un arrepentimiento poco profundo, aunque verdadero; pero el que no rompe su pacto con el mundo vuelve a su anterior modo de vivir.

Acab decía que amaba la verdad, pero en su interior aborrecía la reprobación. Acab y Josafat irían a la guerra contra los sirios. Cuatrocientos profetas falsos le predicaban el éxito: "Sube y prosperarás. Puedes hacerlo." Allí estaba el profeta solitario contra los cuatrocientos profetas falsos. Escuchemos cuando Acab exige la verdad: "Y Micaías respondió: Vive Jehová, que lo que Jehová me hablare, eso diré. Vino, pues, al rey, y el rey le dijo: Micaías, ¿iremos a pelear contra Ramot de Galaad, o la dejaremos? El le respondió: Sube, y serás prosperado, y Jehová la entregará en mano del rey. Y el rey le dijo: ¿Hasta cuántas veces he de exigirte que no me digas sino la verdad en el nombre de Jehová?" (1 Reyes 22:14-16). Aunque en su corazón no quería oírla; la aborrecía. Entonces puso al profeta en la cárcel.

Hay pastores, maestros y gente de las congregaciones que dicen: "Queremos sólo la verdad predicada como es; viértanla, aunque duela." Sin embargo, en su corazón, hay quienes dicen: "Esto es triste y duro, no puedo soportarlo más."

Acab no podía ver la realidad terrible de que era guiado por espíritus mentirosos, que no eran de Dios pero estaban a sus órdenes. Los espíritus malos y de mentira deben moverse a sus órdenes. No son de Dios, sino enviados por El. "Jehová ha puesto espíritu de mentira en la boca de todos tus profetas" (1 Reyes 22:23).

El espíritu de mentira hizo que Sedequías, un profeta falso, dijera con orgullo que el Espíritu de Dios estaba sobre él. El espíritu de mentira que había en él podía declarar con sinceridad: "El Señor me envió." Los espíritus de mentira son muy persuasivos. "Le inducirás" (1 Reyes 22:22). Acab ya estaba completamente convencido de que oía la voz de Dios y que volvería victorioso.

Los creyentes esclavizados por la doctrina de Jezabel están ciento por ciento seguros de que tienen la razón. No pueden ver el engaño. Acab no subió pensando: "Micaías tiene la razón; el tiene el mensaje de Dios. Los cuatrocientos son falsos; no tienen un mensaje de Dios." No, sino que subió completamente convencido, engañado y seducido del todo. Estaba convencido de que Micaías estaba equivocado y los cuatrocientos tenían la razón.

¿Por qué caen algunos creyentes en tal engaño?

"He aquí, vosotros confiáis en palabras de mentira, que no aprovechan. Hurtando, matando, adulterando, jurando en falso, e incensando a Baal, y andando tras dioses extraños que no conocisteis, ¿vendréis y os pondréis delante de mí en esta casa sobre la cual es invocado mi nombre, y diréis: Librados somos; para seguir haciendo todas estas abominaciones?" (Jeremías 7:8-10). Ahí está la respuesta. El aferrarse a cierto pecado favorito, a cierto ídolo secreto del corazón. La justificación del pecado. El andar con el mundo. Una hermandad con el mundo. Entonces vienen a la casa de Dios y dicen con orgullo: "No tengo culpa." Esto es una invitación abierta a los espíritus de mentira.

8

¡El Hombre más indeseable del mundo!

¡El Hombre más indeseable del mundo todavía está vivo hoy! No ha muerto. En realidad, está muy activo en la actualidad. Aun tiene familiares en casi todo lugar. Apenas ayer pasé varias horas con El hablando respecto a este mensaje. Muchos de ustedes también lo conocen. Sin lugar a duda, el Hombre más indeseable del mundo es ¡Jesucristo, el Hijo del Dios Viviente!

En la Plaza Roja de Moscú hay cuadros enormes con las imágenes de Lenin, Stalin y otros líderes comunistas; todos adornados con terciopelo rojo. Deberían colgar otro cuadro en la Plaza Roja: Una imagen de Jesucristo; rodeada de estopa negra, con las siguientes palabras debajo: "El Hombre más indeseable de Rusia: ¡Jesucristo!" Si uno va a Inglaterra, a los salones del Parlamento o a las grandes catedrales inglesas, verá todos los cuadros de reyes y reinas del pasado. Algunos fueron amados, otros odiados, pero allí también falta un cuadro. Deberían colgar allí, donde todos los ingleses pudieran verlo, un cuadro enorme de Jesucristo, con el letrero: "¡El Hombre más indeseable de Inglaterra!" En Washington, D.C., la capital de Estados Unidos, se ven todos los retratos de los presidentes del pasado en el Capitolio y en los salones del congreso. Hay monumentos a Lincoln y a Washington. Deberían construir un monumento especial solamente con un cuadro de Jesucristo y estas palabras: "Este Hombre es el verdadero Padre del país! ¡El lo plantó, regó y prosperó, pero hoy en día es el Hombre más indeseable de esta sociedad!"

Entremos a las bibliotecas y aulas de casi cualquier seminario en del país. Escuchemos a los teólogos impíos que aborrecen a Cristo; veamos que los libros de alta crítica se deleitan en robar y destruir la fe. Entremos a las grandes catedrales y miremos las ventanas con imágenes de Jesucristo en colores en los vidrios de casi todas; luego oigamos lo que ellos llaman evangelio. No predican al Jesucristo verdadero, sino a otro. ¿Por qué no son sinceros? Deberían poner una placa de bronce debajo de los vitrales de Jesucristo que diga: "¡Indeseable!"

Jesús nació judío, pero los judíos no lo quisieron, ni lo quieren todavía. "A lo suyo vino, y los suyos no le recibieron" (Juan 1:11). En todas sus sinagogas estudiaban diligentemente acerca de su venida. Los sacerdotes y escribas podían citar Isaías 53. Pensaban que sabían dónde nacería y cómo lo reconocerían. Decían que vivían para el día de su venida; así como los judíos de hoy esperan a su Mesías. Cuando leo de los planes asesinos de los sacerdotes y líderes religiosos digo: "¿Cómo podían hacer planes para matar a Cristo, incluso a Lázaro, cuando eran tan celosos de la Ley que dice: 'No matarás'?" ¿De dónde puede venir tal odio a Jesucristo sino directamente del infierno? ¿Cómo es posible que el judío moderno odie tanto a Cristo? El es el Hijo de David; El ama a Israel y vino a cumplir todas sus leyes. Tenía el corazón puesto en Jerusalén. El era judío y profeta como Moisés. Entonces ¿por qué se les encienden los ojos de ira y repudio cuando se menciona su nombre? ¡Hoy Jesucristo no podría conseguir una visa para ir a Israel! Es posible que se le negara la ciudadanía. Le pondrían un sello de "Indeseable" en el pasaporte. Es cierto, pues, que los suyos no lo recibieron.

Sabemos demasiado bien que el mundo secular no lo quiere. Cristo es objeto de la burla de los borrachos. Sólo aquí se profana tanto el nombre de Jesucristo. No lo maldicen en Rusia, ni China (pues ellos maldicen a sus ancestros y dioses o líderes caídos en desgracia). Sin embargo, aquí se maldice a Cristo. Los soldados romanos se burlaron de El poniéndole una corona de espinas en la cabeza. Ahora esta nación se burla de El con el arte: Los productores de películas con sus mejores talentos y cantidades enormes de dinero producen películas acerca de Jesucristo que son una burla ingeniosa de su divinidad la cual pretenden quitarle.

En Broadway, Jesucristo es de veras el Hombre más indeseable de todos. El drama *La Cage aux Folles*, con su tema homosexual, fue un desafío a Jesucristo con un mensaje que dice: "¡Este es nuestro territorio! No queremos que interfieras." Nuestra iglesia, que está en medio de la sede de Satanás (en su casa matriz), es la mayor amenaza a su reino diabólico que Broadway haya tenido jamás. El infierno se conmueve y enoja porque el diablo sabe que una multitud de personas querrá correr a los brazos de Jesucristo. Aun en el distrito de teatros, con la plaga del SIDA y todo el vacío, Jesucristo ha llegado a Broadway. Hay ahora una iglesia plantada por El con un pueblo que clama: "¡Lo queremos! ¡Tendremos a Cristo!" Le decimos a esta gran ciudad, a los traficantes de drogas, a los pornógrafos, productores de películas y dramas y a los poderes que gobiernan: "Tal vez ustedes no lo quieran, pero no pueden dejarlo fuera." ¡Cuán grande será el regocijo de los ángeles al ver en medio de la ciudad más grande del país, en el centro del crimen y el pecado y su odio a Jesucristo, a centenares que se reúnen ahora en el nombre del Señor! ¡Cuán grande será su clamor de gozo: "Quieren a nuestro Señor y lo aman"!

Ni siquiera el "mundo religioso" lo quiere. Creo que a Jesucristo lo desean menos los descarriados, los líderes eclesiásticos corrompidos, las organizaciones eclesiásticas liberales y los cristianos transigentes y dominados por las pasiones. Hay una idolatría de Jesucristo en la religión actual que es tan real y fea como la idolatría de Baal y todos los demás ídolos del Israel antiguo. Han dejado al verdadero Jesucristo de santidad, la cruz, el arrepentimiento y la separación y se han tallado otro Jesús en su imaginación. Su "Jesús" es como ellos, que toleran el pecado sólo con palabras de hermandad, amor y unidad. Le han puesto el nombre de Jesucristo a la imagen mala y corrompida que hicieron. Ese no es el evangelio de Cristo ni el Jesús verdadero. Usan las palabras correctas, pero no adoran al Cristo que conocemos. Pablo advirtió contra los que predican "a otro Jesús. . . otro espíritu. . . u otro evangelio" (2 Corintios 11:4).

No conozco ninguna compañía importante de grabaciones "cristianas" que en realidad quiera a Cristo. Se han convertido en máquinas de hacer dinero, y usan el nombre de Jesucristo como propaganda. Nos enojan las películas como *La última tentación de Cristo*, que se burlan de nuestro Señor; pero peores son los productores de discos y editores de libros "cristianos" que manipulan todo lo mundano. Esos son los cambistas de dinero modernos. En realidad, no hay nada religioso en ellos. La música de la Nueva Era y la teología humanista se meten a las librerías cristianas. Algunas de esas tiendas se convierten en los mayores promotores de la basura impía del país. Sus discos vienen del infierno y la mayoría de los libros son pura pulpa que no dice nada. Es todo un negocio. No tenemos que quejarnos de los negociantes judíos que sacan provecho del nombre de Cristo en la Pascua y la Navidad. Los evangélicos le sacan provecho a su nombre 365 días al año. Esos mercachifles no quieren a Jesucristo. Sólo quieren el dinero. Gracias a Dios que hay excepciones; librerías que no están dispuestas a transigir.

Decimos: "¡Oh, gracias a Dios por nuestra iglesia! Lo queremos y no lo hemos hecho indeseable. ¡Damos la bienvenida a Jesucristo y lo deseamos con todo el corazón!" Pensemos en aquel momento terrible cuando la mayoría de los discípulos del Señor se echaron atrás y no lo siguieron más, porque la Palabra era demasiado dura. Jesús se volvió a sus discípulos, a los doce, y les preguntó: "Queréis acaso iros también vosotros?" ¿No sentimos una profunda emoción por las palabras de Pedro: "Señor, ¿a quién iremos? Tú tienes palabras de vida eterna" (Juan 6:68)? No obstante, en la hora postrera "todos los discípulos, dejándole, huyeron" (Marcos 14:50). Isaías dijo: "Despreciado y desechado. . . como que escondimos de él el rostro. . . Todos nosotros nos descarriamos como ovejas, cada cual se apartó por su camino" (Isaías 53:3, 6). El profeta usa la primera persona del plural *nosotros*. Lo despreciamos, lo desechamos, escondimos de él el rostro y nos descarriamos. Pensemos en la multitud de descarriados, de los que en otro tiempo anduvieron con El. Ahora se ocultan de El y no quieren estar en su presencia. Algunos de los lectores se han apartado y han seguido por su propio camino. Le han dado la espalda a Cristo y no lo quieren ahora.

Mi mensaje es sobre el desprecio que Jesucristo sufre de los que dicen que lo quieren más. Si le preguntamos a cualquiera que se llame cristiano: "¿Quiere usted a Jesucristo? ¿Siente que lo necesita? ¿Desea conocerlo mejor?" casi todos responderían: "Sí, lo quiero de veras." Permítame explicar lo que quiero decir con "querer a Jesucristo". Hablo de un deseo profundo; el anhelo de dejar que El sea el todo en uno. "Tu nombre y tu memoria son el deseo de nuestra alma. Con mi alma te he deseado en la noche, y en tanto que me dure el espíritu dentro de mí, madrugaré a buscarte" (Isaías 26:8-9). El profeta habla de un anhelo profundo y una necesidad de tenerlo, ¡aun a medianoche! Significa buscarlo con un corazón anhelante y clamoroso. "Bajo la sombra del deseado me senté, y su fruto fue dulce a mi paladar. . . Estoy enferma de amor. . . Mi amado es mío, y yo suya. . . Por las noches busqué en mi lecho al que ama mi alma" (Cantar de los cantares 2:3, 5, 16; 3:1). ¡Eso es querer a Jesucristo! El ocupa el pensamiento de día y de noche. Se convierte en lo único significativo de la vida.

Examinemos este asunto del amor a Cristo y averigüemos cuánto lo queremos en realidad.

¡No queremos de veras a Jesucristo si deseamos algo o a alguien más que a El!

"Mas si desde allí buscares a Jehová tu Dios, lo hallarás, si lo buscares de todo tu corazón y de toda tu alma" (Deuteronomio 4:29). El infierno estará lleno de gente que dirá por toda la eternidad: "Pero si en realidad quise a Jesucristo. En lo profundo de mi corazón, ¡lo necesitaba!" No mentirán, pues en verdad tenían un deseo de Cristo, pero siempre había algo o alguien que querían más. ¿Está usted atado a algo o alguien? ¿Hay algo malo que posee su corazón? Debemos aprender que Jesucristo es un amante celoso. No permitirá que otro amor corrompa nuestro amor por El.

La palabra que describe mejor nuestra cultura actual es "infidelidad". Ha corrompido aun el ministerio pastoral. Hay un nuevo tipo de arreglo matrimonial en la actualidad que se llama "matrimonio abierto". Los que lo practican se casan y viven juntos, para establecer un hogar, pero se permite que cada uno tenga otros amantes y libertad para salir y pasar vacaciones con otros, y luego juntarse cuando quieran. ¡Con razón la infidelidad conyugal se ha vuelto epidemia!

Un pastor amigo mío me contó su agonía al saber que su esposa le era infiel. Había llamadas extrañas y encontró cartas apasionadas de amor que otro hombre le dirigía a ella. Entonces vinieron sus mentiras, excusas y viajes que la alejaban durante varios días. Al fin, cierto día, ella entró a la oficina de él y le dijo: "¡Ya no te quiero. Deseo el divorcio. Estoy enamorada de otro hombre de la iglesia. No quiero el ministerio pastoral; te respeto y te amo a mi modo, pero te voy a dejar!" El quedó atribulado y aún ahora, dos años después, todavía no se recupera de la pérdida de su esposa. Ahora mismo, algún lector quizá esté atrapado en la misma telaraña de la infidelidad. Tal vez sea infiel con alguien del empleo o la iglesia, o con un amigo de la familia, y tenga el corazón dividido. Quiere disolver su matrimonio.

Jesucristo sabe lo que significa que le sean infiel a uno. El ha sufrido con paciencia, pues durante toda la historia su amada Israel le ha sido infiel y ha cometido adulterio espiritual muchísimas veces. El corazón de Cristo anhela una esposa fiel. Desea un pueblo que tenga ojos sólo para El, sin que los separe ningún otro amor. ¿Qué es lo que da gozo a una esposa o esposo? Es la fidelidad, o sea la capacidad de mirarse a los ojos y ver la confianza mutua. Sin mentiras, ni secretos, ni extrañezas. Así es nuestra relación con Cristo. "Mujer virtuosa, ¿quién la hallará? Porque su estima sobrepasa largamente a la de las piedras preciosas. El corazón de su marido está en ella confiado, y no carecerá de ganancias" (Proverbios 31:10, 11). ¿Puede Jesucristo examinarnos el corazón y tener plena confianza en nosotros?

Conozco una hermandad evangélica que pasa muchas horas sólo "amando a Jesucristo". Se arrepienten de la infidelidad de su esposa. Procuran llenar su corazón adolorido, la falta de amor, y hablan de "su herida". Es verdad que Jesucristo debe sufrir cuando hay tan pocos que lo aman con todo su ser. Se me rompe el corazón y oro con lágrimas: "¡Oh, Señor, cuán infiel te he sido a través de los años! ¡Con cuánta frecuencia lo mundano se apoderó de mi corazón! He buscado carros, antigüedades y deportes. A veces he amado las alabanzas de la gente, he deseado cosas y les he dedicado el tiempo a esos otros intereses." La Palabra de Dios dice: "Si alguno ama al mundo, el amor del Padre no está en él" (1 Juan 2:15).

Jesucristo hizo una pregunta muy conmovedora: "Cuando venga el Hijo del Hombre, ¿hallará fe en la tierra?" (Lucas 18:8). La palabra para *fe* en griego significa "confianza y fidelidad en algo". ¡Confianza en el Señor! El profetizó una gran deserción; en la que aun sus elegidos sufrirían gran tentación. De modo que muchos caerán y seguirán lo mundano con lujuria y placer. Mi clamor es: "¡Oh, Señor, acércame a ti. Que yo sea uno en quien puedas confiar. Que te ame sin reservas. Dame un amor por ti que sea puro, santo y sin mezcla!"

¿Cómo podemos decir que queremos a Jesucristo, y sin embargo pasar tan poco tiempo con El?

¿Por qué dijo Jesús: "Cuando ores, entra en tu aposento, y cerrada la puerta, ora a tu Padre que está en secreto; y tu Padre que ve en lo secreto te recompensará en público" (Mateo 6:6)? Porque el Señor desea la intimidad. ¡Quiere encerrarse solo con el amor de su corazón! Hay muchos que oran y nunca pierden una reunión de oración. Van a cualquier reunión en un hogar, y claro que es bíblico que dos o tres se pongan de acuerdo en oración. No obstante, el Señor llama y susurra: "Ven a solas, cierra la puerta; quedémonos los dos solos." La oración en el aposento, en secreto, es lo más íntimo que se puede compartir con el Señor. Si no tenemos este tipo de relación, no conocemos de verdad a Cristo.

Sin la intimidad con Jesucristo, aun las buenas obras se pueden volver malas: "Muchos me dirán en aquel día: Señor, Señor, ¿no profetizamos en tu nombre, y en tu nombre echamos fuera demonios, y en tu nombre hicimos muchos milagros? Y entonces les declararé: Nunca os conocí; apartaos de mí, hacedores de maldad" (Mateo 7:22, 23). Ahora, pues, cualquiera de nosotros que profetiza, o echa demonios, como lo he hecho yo, no debe decir: "¡Esto no es para mí!" ¿Qué dice Jesucristo? La clave es "nunca os conocí". No ha habido intimidad; alguien que hace mucho en su nombre sin conocerlo de verdad. Esto significa que podemos ocuparnos tanto en hacer el bien, en programas de ayuda al prójimo que perdemos contacto con Jesucristo. Acabamos haciendo cosas en su nombre, las cuales se vuelven malas porque se hacen en el poder del "yo".

Cuando sí pasamos tiempo a solas con El, es en su mayor parte por nuestro beneficio, rara vez por El. ¿Pensamos alguna vez en sus necesidades? Cristo se hizo hombre con todas las necesidades humanas, inclusive la de la amistad y el amor. Sentía el desprecio como nosotros, pues nunca puso a un lado su humanidad. Jesús es a la vez Dios y hombre. El ser tocado por el sentimiento de nuestras debilidades significa que todavía sufre las heridas y necesidades de un hombre. Hace poco pensé: "Señor, ¿alguna vez pensaste cuando estabas en la tierra: '¿Hay alguien que me ame por quien soy, Jesús, el hombre?'" Las multitudes lo apretaban por todos lados, pidiendo ayuda, misericordia, vista, sanidad, comida, señales y milagros. Los veía como ovejas sin pastor; oía sus gritos y lloraba. Sin embargo, muy pocos vinieron a El sin pedir nada y sólo para amarlo.

Hubo una mujer perdida y pecadora que vino sólo para darle algo: "Entonces una mujer de la ciudad, que era pecadora, al saber que Jesús estaba a la mesa en casa del fariseo, trajo un frasco de alabastro con perfume; y estando detrás de él a sus pies, llorando, comenzó a regar con lágrimas sus pies, y los enjugaba con sus cabellos; y besaba sus pies, y los ungía con el perfume. . . Y [Jesucristo] vuelto a la mujer, dijo a Simón: ¿Ves esta mujer? Entré en tu casa, y no me diste agua para mis pies; mas ésta ha regado mis pies con lágrimas, y los ha enjugado con sus cabellos. No me diste beso; mas ésta, desde que entré, no ha cesado de besar mis pies. No ungiste mi cabeza con aceite; mas ésta ha ungido con perfume mis pies" (Lucas 7:37, 38, 44-46).

¿Ha lavado usted alguna vez los pies de Jesucristo

con sus lágrimas? ¿Ha venido a El sin pedir nada para usted, su ministerio cristiano o su familia, sino sólo para verter sobre El un don de incienso, un frasco de alabastro de amor y adoración? Escuchemos la queja de su corazón: "¡No me diste beso, ni agua para mis pies fatigados, pero ella me hizo esto!" En el capítulo 26 de Mateo sabemos de otra mujer que vino a Jesús y vertió perfume sobre su cabeza mientras El estaba sentado y comiendo. Los discípulos la vieron y dijeron enojados: "¿Para qué este desperdicio? Porque esto podía haberse vendido a gran precio, y haberse dado a los pobres" (Versículos 8 y 9).

Somos como esos discípulos; pensamos que es tiempo desperdiciado el que pasamos a solas, ministrando a sus necesidades, cuando hay tantos pobres y sufrientes que necesitan nuestro tiempo y las peticiones de nuestras oraciones. Cristo dijo: "¿Por qué molestáis a esta mujer? pues ha hecho conmigo una buena obra. Porque siempre tendréis pobres con vosotros, pero a mí no siempre me tendréis" (Versículos 10 y 11).

Sus propios discípulos no pudieron acompañarlo en su hora de necesidad, ¡ni siquiera una hora! El les había dicho: "Mi alma está muy triste, hasta la muerte; quedaos aquí, y velad conmigo" (Versículo 38). Lo que en realidad les dijo fue: "¡Estoy adolorido y los necesito ahora! Ha llegado mi hora: ¡Ahora deseo su amor y apoyo!" Sin embargo, los encontró durmiendo: "¿Así que no habéis podido velar conmigo una hora?" (Versículo 40). Todo lo que pedía era una hora dedicada a su necesidad; una hora del amor de ellos cuando El estaba sufriendo. Pensamos: "¡El es Dios y no tiene necesidades; nada le duele y ya no llora. ¿Qué podría yo darle?"

Si El ya no tiene necesidades; si es sólo un Dios sin sentimientos, fuera de nuestro mundo, entonces

¿por qué está todavía a la puerta y llama? ¿Por qué todavía tiene necesidad de entrar y cenar con nosotros? (Véase Apocalipsis 3:20). Y todavía le dice a Pedro tres veces después de su resurrección: "¿Me amas?" Se ve claro que todavía necesitaba que lo amaran. "El escarnio ha quebrantado mi corazón, y estoy acongojado. Esperé quien se compadeciese de mí, y no lo hubo; y consoladores, y ninguno hallé" (Salmo 69:20).

¡No podemos amarlo de verdad hasta cuando le permitamos que sea todo lo que El prometió ser!

Hace años estuve en pie en un altar junto a mi esposa Gwen y oí que mi padre (el pastor) le preguntó a Gwen: "¿Aceptas a David como tu legítimo esposo?" Intercambiamos votos, al decir: "Sí." Gwen me ha amado de mil maneras, pero nunca mejor ni más que cuando me deja ser el hombre de la casa. Le ha sido difícil dejar que yo haga lo que me corresponde como "marido", especialmente porque no tengo muchas habilidades manuales. No obstante, ella ha aprendido a animarme con mucho tacto a cumplir con ese deber. Dios quiere que los cónyuges sean un reflejo de su relación con nosotros que somos su esposa: "Porque tu marido es tu Hacedor" (Isaías 54:5). Somos "una esposa ataviada para su marido" (Apocalipsis 21:2). Jesucristo no es como ningún marido terrenal. Cuando El da el "sí", ¡tiene todo el poder y la gloria para cumplir su Palabra!

Se pueden hallar los votos de nuestro Señor a su amada por toda su Palabra. Nuestro amor por El se la apropia, reposa en ella y deja que Jesucristo sea nuestro Dios. He aquí unos votos que El ha hecho a todos los que le han prometido su amor y fidelidad: "Os soportaré. . . yo llevaré" (Isaías 46:4). "¿Se olvidará la mujer de lo que dio a luz. . .? Aunque olvide ella, yo nunca me olvidaré de ti" (Isaías 49:15). "Al Dios nuestro, el cual será amplio en perdonar" (Isaías 55:7). "Le sanaré. . . y le daré consuelo a él"(Isaías 57:18). "Y antes que clamen, responderé yo; mientras aún hablan, yo habré oído" (Isaías 65:24). "Porque él dijo: No te desampararé, ni te dejaré" (Hebreos 13:5).

Jesucristo es nuestra justicia, salud, liberación, roca de salvación, pan cotidiano, consuelo, proveedor, brazo fuerte, defensa, luz, gozo, paz y *todo* en tiempo de necesidad. Déjelo que sea su Dios; crea en *cada uno* de sus votos y apóyese en ellos. No se desespere ni trate de hacer las cosas solo. ¡Pruébele que confía en su poder!

No se puede amar mejor a Jesucristo que dejándolo que sea el todo para uno. Crea usted que conforme a sus promesas El lo guardará, suplirá todas sus necesidades, lo acompañará en las buenas y en las malas y nunca lo dejará ni lo desamparará. ¡Amarlo es permitirle que de veras sea nuestro Señor!

9

La vida en el campo de lo milagroso

¡No puedo leer el libro de Hechos sin sentirme muy avergonzado! Los apóstoles vivieron y ministraron en el campo de lo milagroso. Aun los laicos como Esteban y Felipe, que servían a las mesas, eran poderosos en el Espíritu Santo. Dios hacía milagros a través de ellos y conmovían ciudades enteras. ¿Quién puede leer el libro de Hechos sin asombrarse y maravillarse de los milagros que Dios obró para ellos y entre ellos? Se les aparecieron ángeles que les soltaron las cadenas y los sacaron de prisiones muy seguras. Tuvieron visiones poderosas, claras y precisas. Pedro estaba tan lleno del Espíritu Santo que sacaban a los enfermos a las calles en camas y asientos para que su sombra al caer sobre ellos los sanara (Hechos 5:15). El paralítico fue sanado y entró saltando al templo; y se registraron milagros especiales: "Y hacía Dios milagros extraordinarios por mano de Pablo, de tal manera que aun se llevaban a los enfermos los paños o delantales de su cuerpo, y las enfermedades se iban de ellos, y los espíritus malos salían" (Hechos 19:11, 12).

¿Por qué no vivimos en la actualidad en tal campo milagroso? ¿Dónde está hoy el poder apostólico de

Jesucristo? No me refiero a las reuniones de liberación ni a los evangelistas sanadores famosos. Hablo de una vida milagrosa para *cada* creyente verdadero. Dios no ha cambiado . . . nosotros sí. El mismo Señor está con nosotros; tenemos las mismas promesas y Dios está más que dispuesto a volver a hacerlo; pero es lamentable que hoy en día existe la idea de que no necesitamos lo milagroso. Se dijo "Esta generación tiene una revelación mayor; es más educada y con mayores conocimientos. No debemos esperar que el Señor obre así en nuestros días, pues eso sólo fue necesario para establecer la Iglesia."

Mi respuesta a eso es que si lo milagroso fue necesario para establecer la Iglesia, lo es aun más al cerrarse la edad de la Iglesia. Los malos se han empeorado puesto que el pecado ha abundado muchísimas veces más. Los seductores han aumentado, la violencia se ha desatado fuera de control y el infierno ha extendido sus fronteras. Satanás ha descendido con una ira muy grande. Mientras las doctrinas de demonios vienen como una inundación, la apostasía se empeora.

Estamos en el apartamiento grande. Satanás tiene a sus ángeles que se hacen pasar por grandes evangelistas y maestros. El aborto ha llenado la tierra con culpabilidad de sangre. Los padres abusan sexualmente de sus hijos; y se abusa aun de los bebés. Nuestra juventud ha perdido el control con la cocaína, la heroína y el alcohol que se extienden por las escuelas, devastando y matando, convirtiendo a los jóvenes en ladrones locos y enfermos, y en asesinos. Nuevas enfermedades como el SIDA y la herpes esparcen la muerte por todo el mundo.

¡Necesitamos más a Jesucristo; más de su poder salvador y sanador, más de lo milagroso que cualquier otra generación pasada! Los apóstoles conocían el costo de lo milagroso y lo pagaron con entusiasmo, pero nosotros no hemos estado dispuestos a pagar el precio.

Dios les respondió milagrosamente porque estaban dedicados a la oración.

El libro de Hechos es el relato de homres y mujeres santos en busca del rostro del Señor. De principio a fin, cuenta de la manera como la oración consigue la acción de Dios. Ya fuera en el aposento alto, en la prisión, alguna casa secreta, al esconderse de las autoridades, en la casa de Simón o en una calle llamada Derecha; ¡ellos oraban! Oraban por la mañana, y a veces toda la noche; oraban sin cesar. Cornelio oraba siempre. Pedro oraba en las azoteas. Junto a la playa, en el templo o en el desierto, se dirigían continuamente al Señor. Pasaban horas y días aparte con Dios, hasta que recibían instrucciones claras y detalladas. ¡Qué información tan precisa les daba Dios!

Ananías, que vivía en lo milagroso, era un hombre de Dios entregado a la oración. "Había entonces en Damasco un discípulo llamado Ananías, a quien el Señor dijo en visión: Ananías. Y él respondió: Heme aquí, Señor. Y el Señor le dijo: Levántate, y vé a la calle que se llama Derecha, y busca en casa de Judas a uno llamado Saulo, de Tarso; porque he aquí, él ora, y ha visto en visión a un varón llamado Ananías, que entra y le pone las manos encima para que recobre la vista" (Hechos 9:10, 12).

Escuche las instrucciones precisas que Dios le dio: "¡Vé!" Le dio el nombre de la calle, del dueño de la casa y del hombre por quien debía orar. Entonces Dios dijo: "El sabe que vas, conoce tu nombre y lo que harás cuando entres a su cuarto, ¡porque se lo dije todo!" ¿Por qué le dijo el Señor a ese recién convertido detalles tan íntimos? Porque "he aquí, él ora." Saulo oró y ayunó durante tres días. Su oración no fue: "Señor, ¿qué puedes hacer por mí?" sino más bien: "Señor, ¿qué quieres que yo haga?" La visión de Jesucristo lo tenía tan absorto que en seguida lo dejó todo y se convirtió en siervo del Señor a partir de entonces.

Si Saulo hubiera sido salvo en nuestra época, lo hubiera abosorbido nuestro mundo agitado con anuncios por los medios de comunicación, un libro destacado e invitaciones a dar su testimonio en iglesias por todas partes. ¿Por qué será que ahora tantos se salvan de modo milagroso, como Saulo, pero a diferencia de él, muy pronto se encuentran viviendo en confusión, sin saber qué hacer? Dios le dijo a Saulo: "Levántate y entra en la ciudad, y se te dirá lo que debes hacer" (Hechos 9:6). Dios dijo: "¡Vete a orar! ¡Busca mi rostro y aprende a esperar en mí! ¡Muéstrame que quieres más de mí!" No tuvo instrucciones ni visiones sino después de pasar tres días en oración. Algo poderoso y milagroso ocurrió durante la oración: Saulo conoció la voz del Señor y aprendió a depender de su guía. Aunque era apenas un creyente recién nacido, Dios ya lo guiaba con claridad. Saulo no necesitaba consejero ni profeta que le mostrara qué hacer; no necesitaba que nadie le informara porque el Señor dijo: "Yo le mostraré" (Hechos 9:16).

Me imagino a un predicador fundamentalista que viera a Saulo antes de la llegada de Ananías. Lo ve en el suelo, llorando y clamando:

—Jesucristo revélate en mí, no sólo a mí.

El predicador le dice:

—Hermano Saulo: Has sido salvo de modo maravilloso. ¿Qué más quieres? Tómalo por fe. ¡Estás a punto de volverte fanático! ¿No sabes que se están perdiendo las almas en otras partes? Dios te ha llamado a evangelizar. El testimonio es la voluntad de Dios, así que ¡vete pronto y gana al mundo para Cristo!

Saulo responde:

—Hermano, ¡yo de aquí no me muevo! Perdone, pero espero a uno llamado Ananías. ¿Es usted?

El predicador se ve muy agitado:

—¿Estás loco? ¿Quién te dijo que tal persona vendría, entraría aquí, te impondría las manos y te sanaría los ojos?

Saulo le responde:

—¡El Señor me lo dijo en una visión! Sé su nombre y lo que hará; y que seré sanado.

En la misma escena aparece un maestro carismático de la prosperidad y el éxito:

—Hermano Saulo, te traigo un ejemplar autografiado de mi libro más reciente titulado *Los derechos del pacto*. Vengo a decirte que Dios quiere que el nuevo Saulo prospere y tenga siempre buena salud. Si aprendes mis claves para el éxito y la prosperidad, no tendrás que gemir y agonizar como lo has hecho en los últimos días. ¡Reclama tus derechos! ¡Todo lo que necesitas es fe! ¡Todo es gratuito!

A lo que responde Saulo:

—¡Lo siento, hermano! El Señor me está mostrando cosas grandes que debo sufrir por amor de su nombre. Espero a Ananías. No puedo reclamar ni hacer nada, ni ir a ninguna parte, antes de que él venga y me imponga las manos. Dios me dirá lo que debo hacer después.

El maestro replica:

—¡Eres sólo un bebé en Cristo! He caminado con El por mucho tiempo y tengo conocimiento por revelación. ¡Déjame enseñarte!

La respuesta sencilla de Saulo es:

—¡Sólo sé que El se me apareció y me habla!

Pedro oraba en la azotea. A cuarenta y ocho kiló-metros de allí, en Cesarea, Cornelio oraba "siempre". "Había en Cesarea un hombre llamado Cornelio, cen-turión de la compañía llamada la Italiana, piadoso y temeroso de Dios con toda su casa, y que hacía mu-chas limosnas al pueblo, y oraba a Dios siempre. Este vio claramente en una visión, como a la hora novena del día, que un ángel de Dios entraba donde él estaba, y le decía: Cornelio. El, mirándole fijamente, y ate-morizado, dijo: ¿Qué es, Señor? Y le dijo: Tus ora-ciones y tus limosnas han subido para memoria de-lante de Dios. Envía, pues, ahora hombres a Jope, y haz venir a Simón, el que tiene por sobrenombre Pedro. Este posa en casa de cierto Simón curtidor, que tiene su casa junto al mar; él te dirá lo que es necesario que hagas" (Hechos 10:1-6). Otra vez, las instrucciones fueron precisas. El pueblo era Jope; la casa era la de Simón y el hombre que tenía la res-puesta era Pedro.

Mientras tanto, "Pedro subió a la azotea para orar, cerca de la hora sexta" (Hechos 10:9). "Le sobrevino un éxtasis" (versículo 10), lo que quiere decir que tuvo una visión. "Y mientras Pedro pensaba en la visión, le dijo el Espíritu: He aquí, tres hombres te buscan. . . y no dudes de ir con ellos, porque yo los he enviado" (versículos 19 y 20). Pedro fue a la casa de Cornelio y encontró a un hombre de oración que hablaba con ángeles que lo visitaban y le daban guía sobrenatural.

"Entonces Cornelio dijo: Hace cuatro días que a esta hora yo estaba en ayunas; y a la hora novena, mientras oraba en mi casa, vi que se puso delante de mí un varón con vestido resplandeciente, y dijo: Cor-nelio, tu oración ha sido oída, y tus limosnas han sido recordadas delante de Dios. Envía, pues, a Jope, y haz venir a Simón el que tiene por sobrenombre Pedro, el cual mora en casa de Simón, un curtidor, junto al mar; y cuando llegue, él te hablará. Así que luego envié por ti; y tú has hecho bien en venir. Ahora, pues, todos nosotros estamos aquí en la presencia de Dios, para oír todo lo que Dios te ha mandado" (Hechos 10:30-33).

El Espíritu Santo habla con tanta exactitud que aun da los dos nombres: "Haz venir a Simón el que tiene por sobrenombre Pedro" (versículo 32), para estar seguro de que Cornelio llamara a la persona debida (puesto que Pedro se alojaba en la casa de otro Simón), ¡Dios le dijo que se llamaba Simón Pedro!

A través de todo el libro de Hechos leemos estas palabras: "Dios les dijo. . .", "el Señor dijo. . .", "el Espíritu Santo dijo. . ." o "el ángel dijo. . ." El cielo no estaba cerrado. Sabían con claridad lo que el Señor quería; no había confusión en cuanto a lo oído. Era práctico, preciso y muy claro; pero el mensaje del cielo venía sólo después de mucha oración y de pasar tiempo a solas con el Señor.

"Había entonces en la iglesia que estaba en Antioquía, profetas y maestros: Bernabé, Simón el que se llamaba Niger, Lucio de Cirene, Manaén el que se había criado junto con Herodes el tetrarca, y Saulo. Ministrando éstos al Señor, y ayunando, dijo el Espíritu Santo: Apartadme a Bernabé y a Saulo para la obra a que los he llamado. Entonces, habiendo ayunado y orado, les impusieron las manos y los despidieron. Ellos, entonces, enviados por el Espíritu Santo, descendieron a Seleucia, y de allí navegaron a Chipre" (Hechos 13:1-4). Ayunaron y oraron hasta que recibieron el mensaje; y entonces ¡ayunaron y oraron otra vez antes de enviarlos!

Pablo estuvo después ante una multitud de judíos

iracundos en Jerusalén y relató su historia milagrosa. "Y como yo no veía a causa de la gloria de la luz, llevado de la mano por los que estaban conmigo, llegué a Damasco. Entonces uno llamado Ananías, varón piadoso según la ley, que tenía buen testimonio de todos los judíos que allí moraban, vino a mí, y acercándose, me dijo: Hermano Saulo, recibe la vista. Y yo en aquella misma hora recobré la vista y lo miré. Y él dijo: El Dios de nuestros padres te ha escogido para que conozcas su voluntad, y veas al Justo, y oigas la voz de su boca. Porque serás testigo suyo a todos los hombres, de lo que has visto y oído" (Hechos 22:11-15).

Pablo aclaró bien que la suya era más que una conversión milagrosa, y se convertiría en su manera milagrosa de vivir. Había tres cosas que Dios quería para Pablo. Quería que Pablo conociera su voluntad, tuviera una visión de Cristo y oyera su voz de su boca [es decir, directamente y no por medio de terceras personas].

El pueblo actual de Dios podría recibir el mismo mensaje claro de Dios si hubiera la misma intensidad para buscar su rostro en oración.

Los creyentes rara vez oramos hoy porque nos han enseñado a "tomar todo por fe". En nuestra iglesia predicamos la fe, pero no excluimos la oración. ¡Enseñamos la obediencia, el arrepentimiento, la Palabra, la fe y la oración! Se dice: "¿Por qué orar? ¿Por qué rogarle a Dios si El ya lo ha prometido? Si El sabe lo que necesitamos antes de pedirle, ¿por qué insistimos en pedir?" Algunos enseñan: "Si pides cuando El ya lo ha prometido, eso es incredulidad. Sólo reclama la promesa y reposa; no hay necesidad de orar por ella."

Abraham tenía asegurada la promesa de llegar a ser una nación poderosa; Dios ya le había hecho esa promesa. "Porque toda la tierra que ves, la daré a ti. . . y haré tu descendencia como el polvo de la tierra" (Génesis 13:15,16). Dios había prometido bendecir a los que lo bendijeran y maldecir a los que lo maldijeran. Abraham también tenía tanta fe, que Dios se la contó por justicia: "Y creyó a Jehová, y le fue contado por justicia" (Génesis 15:6).

He aquí un hombre de Dios, seguro en las promesas de Dios y lleno de fe; sin embargo, iba al altar una y otra vez a orar. "Luego se pasó de allí a un monte al oriente de Betel. . . y edificó allí altar a Jehová, e invocó el nombre de Jehová" (Génesis 12:8). Otra vez, después de salir de Egipto, después del hambre, la Biblia dice: "Subió, pues, Abram de Egipto. . . y Abram era riquísimo en ganado, en plata y en oro. Y volvió por sus jornadas desde el Neguev hacia Bet-el. . . al lugar del altar. . . e invocó allí Abram el nombre de Jehová" (Génesis 13:1-4). Así vemos que ni su fe, ni las promesas de Dios dejaron sin efecto la oración.

Moisés también consideraba su intimidad con Dios de mayor valor que cualquier otra bendición. Lo vemos en pie sobre el monte con los brazos sostenidos en alto hacia Dios por Aarón y Hur a cada lado. Dios ya había prometido que los amalecitas serían vencidos e Israel tendría la victoria. Sin embargo, Moisés subió al monte a invocar a Dios con las manos levantadas. "Y Moisés edificó un altar, y llamó su nombre Jehová-nisi" (Exodo 17:15).

Somos como los ateos en este asunto de la oración en comparación con la Iglesia Primitiva. Muchos consideran ahora la oración privada como trabajo duro y aburridor. De modo que la hacen sólo en ocasiones, y principalmente para no sentir vergüenza. ¿Puede usted imaginar a unos cónyuges que viven en la misma casa, casi sin hablarse; pero en público

126 Exhortación a la Iglesia

ella le habla como íntimos amigos? Al hablarle, se aburre, mira a otro lado y después lo olvida por muchos días. ¡Así tratan algunos a nuestro bendito Señor! La oración privada es el arma más poderosa que Dios le ha dado a su pueblo; no obstante, se olvida, desdeña y rara vez se usa.

Dios quiere mostrarnos que también tenemos poder en la oración. Nos lo recuerda de modo glorioso en Santiago 5:16-18: "Confesaos vuestras ofensas unos a otros, y orad unos por otros, para que seáis sanados. La oración eficaz del justo puede mucho. Elías era hombre sujeto a pasiones semejantes a las nuestras, y oró fervientemente para que no lloviese, y no llovió sobre la tierra por tres años y seis meses. Y otra vez oró, y el cielo dio lluvia, y la tierra produjo su fruto."

Elías era humano y sufría de las mismas cosas que nosotros y estaba sometido a los mismos temores, ansiedades, esperanzas, desesperación y necesidades; sin embargo, ¡sus oraciones lograron resultados! Dios nos muestra lo que debemos hacer en todas las crisis. ¡Corramos con fervor a El! ¡Oremos para abrir o cerrar puertas! Elías oró con fervor, y siguió orando y esperando hasta que el Señor respondió. Siete veces envió a su siervo a buscar en el horizonte sólo una señal pequeña.

Hoy en día, después de una o dos sesiones de oración, nos damos por vencidos y nos enojamos con Dios. Decimos: "No me dio resultado. Oré y mi esposo y yo todavía tenemos problemas, así que aun no recibo lo que necesito." Es obvio que la gente no ora porque piensa que no da resultado. No saben lo que significa perseverar en la oración; el volver muchas veces como Elías a la petición con humildad. Eso se llama "asirse de Dios". En el Antiguo Testamento se llamaba "luchar con Dios". La oración de

Jacob fue: "No te dejaré, si no me bendices" (Génesis 32:26). La espera y la demora tienen el propósito de conformarnos a Cristo. No se pasa mucho tiempo en su presencia sin llegar a conocerlo. Mientras más se tarde la respuesta y se insista con eficacia en la oración, tanto más importante se vuelve El y menos la respuesta. ¡De un modo u otro, uno sale ganando!

Dios apartará para sí un remanente.

Los profetas habían predicho que en los postreros días, al venir las calamidades, Dios apartaría para sí un remanente. Daniel entendía los tiempos de Dios para su época porque había estudiado a los profetas del pasado. "Yo Daniel miré atentamente en los libros el número de los años de que habló Jehová al profeta Jeremías, que habían de cumplirse las desolaciones de Jerusalén en setenta años. Y volví mi rostro a Dios el Señor, buscándole en oración y ruego, en ayuno, cilicio y ceniza" (Daniel 9:2, 3). Al estudiar a Jeremías, Daniel descubrió que los setenta años de exilio estaban por terminar. Jeremías 29:10-11 dice: "Porque así dijo Jehová: Cuando en Babilonia se cumplan los setenta años, yo os visitaré, y despertaré sobre vosotros mi buena palabra, para haceros volver a este lugar. Porque yo sé los pensamientos que tengo acerca de vosotros, dice Jehová, pensamientos de paz, y no de mal, para daros el fin que esperáis."

¿Por qué no se alegraba Daniel? ¿Por qué no tomó la promesa por fe y reposó en ella? ¿Por qué lloró, oró, ayunó y se sentó en cilicio? Porque también encontró una condición para que ocurriera toda esa bondad. Sí, Dios prometió libertarlos y hacerles el bien; pero, seguían los versículos 12-14 del mismo capítulo: "Entonces me invocaréis, y vendréis y oraréis a mí, y yo os oiré; y me buscaréis y me hallaréis, porque me buscaréis de todo vuestro corazón. Y seré hallado por vosotros, dice Jehová, y haré volver vuestra cautividad. . ." El pecado o el desinterés pueden frustrar las promesas de Dios. Daniel descubrió en Deuteronomio capítulo cuatro la advertencia de Moisés de que Israel sería esparcido debido a su pecado, y también la promesa de su posible liberación. "Mas si desde allí [la cautividad] buscares a Jehová tu Dios, lo hallarás, si lo buscares de todo tu corazón y de toda tu alma" (Deuteronomio 4:29).

¿Dónde estamos en la profecía?

Si estudiamos también a los profetas, podremos hallar dónde estamos en la profecía. Creo que nos hallamos en Isaías 26 y también en Deuteronomio 4:29-31. "Cuando estuvieres en angustia, y te alcanzaren todas estas cosas, si en los postreros días te volvieres a Jehová tu Dios, y oyeres su voz; porque Dios misericordioso es Jehová tu Dios; no te dejará, ni te destruirá, ni se olvidará del pacto que les juró a tus padres" (Deuteronomio 4:30, 31). Estos versículos no eran para la época de Daniel, sino para los postreros días, que corresponden a nuestra época. En Isaías 26, Dios nos dice que su bondad ya demostrada no produjo el arrepentimiento. "Se mostrará piedad al malvado, y no aprenderá justicia; en tierra de rectitud hará iniquidad, y no mirará a la majestad de Jehová" (Isaías 26:10).

Este país se fundó como tierra de justos. Dios nos favoreció y nos demostró su bondad para guiarnos al arrepentimiento. No obstante, nuestra nación se volvió malvada y no reconoce el poder de Dios y su obra a nuestro favor. Por eso Dios va a mandar juicios repentinos: "Con mi alma te he deseado en la noche [postreros días], y en tanto que me dure el espíritu dentro de mí, madrugaré a buscarte; porque luego que hay juicios tuyos en la tierra, los moradores del mundo aprenden justicia" (Isaías 26:9). Una noche de juicio aparece en la visión profética de Isaías, y un pueblo ve la caída de esa noche de tinieblas y se vuelve en busca del Señor con todas sus fuerzas.

Dios está levantando un remanente con dolores de parto. "Como la mujer encinta cuando se acerca el alumbramiento gime y da gritos en sus dolores, así hemos sido delante de ti, oh Jehová. Concebimos, tuvimos dolores de parto, dimos a luz viento; ninguna liberación hicimos en la tierra, ni cayeron los moradores del mundo. Tus muertos vivirán; sus cadáveres resucitarán. ¡Despertad y cantad, moradores del polvo! porque tu rocío es cual rocío de hortalizas, y la tierra dará sus muertos" (Isaías 26:17-19). He aquí una mujer que "da gritos en sus dolores".

Esa mujer es la iglesia que sale de una iglesia. Son centenares de personas. Durante los últimos años había algo que trataba de nacer; había dolores de hambre y un clamor de dolor espiritual. Buscábamos la liberación e íbamos de un lugar a otro en su busca, pero sólo encontramos vientos de doctrinas en conflicto. Eramos muertos o moribundos espirituales. Sin embargo, ¡nuestro corazón despertó y fuimos resucitados! "Tus muertos vivirán." Despertamos y ahora cantamos un cántico nuevo. "Tu rocío es como el rocío de hortalizas." Hay gloria del Señor en nosotros, como el rocío del cielo, a causa de la luz. "Rocío de hortalizas" se traduce como "nacido de la luz sobrenatural". Dios nos sacó a la luz de su Palabra gloriosa. Estamos despiertos y cantamos. Hemos sido resucitados de los muertos con una luz fresca de su Palabra cada día, como el rocío.

"Anda, pueblo mío, entra en tus aposentos, cierra tras ti tus puertas; escóndete un poquito, por un momento, en tanto que pasa la indignación. Porque he aquí que Jehová sale de su lugar para castigar al morador de la tierra por su maldad contra él; y la tierra descubrirá la sangre derramada sobre ella, y no encubrirá ya más a sus muertos" (Isaías 26:20, 21). Dios nos advierte que su indignación va a venir sobre la tierra. "Indignación" significa aquí la furia intensa y el enojo candente contra el pecado. El Señor se está conmoviendo al aumentar su enojo. Viene en su caballo blanco y hará un juicio rápido (". . . y la tierra descubrirá la sangre. . . y no encubrirá ya más a sus muertos").

Dios va a abrir las entrañas de la tierra y derramar corrientes de sangre; ¡la sangre de niños inocentes! Cada gota de sangre que esta nación homicida ha derramado ha ido acumulándose en una represa poderosa de sangre inocente, y cada célula viva de esa corriente de sangre clama venganza. La tierra vomitará de sus tumbas hasta los huesos, y los brazos y piernas diminutos ya no se ocultarán. ¡Cien millones de bebés que lloran, un océano de sangre derramada! Cuando nuestra economía se vaya al suelo, las personas espirituales oirán el crujido de aquellos huesecitos. Cuando la luna se convierta en sangre, será un reflejo de aquel mar de sangre de inocentes.

¿Dónde estará el remanente santo? ¡Encerrado con Dios, escondido en el aposento secreto de la oración! Amados, viene una inundación: "Y la serpiente arrojó de su boca, tras la mujer, agua como un río, para que fuese arrastrada por el río. . . Entonces el dragón se llenó de ira contra la mujer; y se fue a hacer guerra contra el resto de la descendencia de ella, los que guardan los mandamientos de Dios y tienen el testimonio de Jesucristo" (Apocalipsis 12:15, 17).

¡Hay una guerra contra el remanente! Es una inundación de suciedad, codicias carnales y tentaciones. La televisión es una represa abierta que arrastra a millones de creyentes. Son "arrastrados por la corriente". Esta no es una guerra contra carne y sangre. ¡Debemos pelear de rodillas!

Los que no oran, ni están listos, no estarán firmes en este día de juicio. ¡Serán dominados por las hordas de demonios! En Apocalipsis 6:17 se hace esta pregunta: "Porque el gran día de su ira ha llegado; ¿y quién podrá sostenerse en pie?" Todo hijo de Dios apartado con El durante la "indignación" estará firme. "Por tanto, tomad toda la armadura de Dios, para que podáis resistir en el día malo, y habiendo acabado todo, estar firmes" (Efesios 6:13). "Y a aquel que es poderoso para guardaros sin caída, y presentaros sin mancha delante de su gloria con gran alegría" (Judas 24).

"Porque vendrá el enemigo como río, mas el Espíritu de Jehová levantará bandera contra él" (Isaías 59:19). Vendrán tiempos cuando seamos vencidos de repente. Estaremos disfrutando de la luz, el regocijo, dando gracias a Dios, cuando sin saber de dónde vendrá el fracaso. Satanás nos provocará por el temperamento tal vez. Podrá ser el temor que nos inunde de repente. Quizá sea una enfermedad que nos derribe y quite las fuerzas. O tal vez sea una tendencia carnal mala que considerábamos dominada y que aborrecemos; no la buscamos, pero ahí está ¡como una inundación! Puede ser la tristeza o depresión nerviosa. No conocemos su causa, pero de repente nos inunda.

Sin embargo, podemos decir con David: "Con mi voz clamaré a Jehová; con mi voz pediré a Jehová misericordia. Delante de él expondré mi queja; delante de él manifestaré mi angustia. Cuando mi espíritu se angustiaba dentro de mí, tú conociste mi senda. En el camino en que andaba, me escondieron lazo. Mira a mi diestra y observa, pues no hay quien me quiera conocer; no tengo refugio, ni hay quien cuide mi vida. Clamé a ti, oh Jehová; dije: Tú eres mi esperanza, y mi porción en la tierra de los vivientes. Escucha mi clamor, porque estoy muy afligido. Líbrame de los que me persiguen, porque son más fuertes que yo. Saca mi alma de la cárcel, para que alabe tu nombre; me rodearán los justos, porque tú me serás propicio" (Salmo 142).

10

¡Ojos vagabundos!

No tengo televisor ni grabadora de video y, por la gracia de Dios, he estado libre de todas las formas de pornografía; pero consideremos a los cristianos que tienen televisor y servicio de televisión por cable también. Después de las diez de la noche, cuando los chicos están durmiendo, se sientan a ver películas para adultos. Aparecen en la pantalla adultos fornicando y haciendo todos los males infernales. El espíritu y el cuerpo quedan cautivos allí. O la escena puede ser: La persona está lejos de su casa donde nadie la conoce. Se siente sola y le viene un deseo extraño. El enemigo del alma le susurra: "¡Ve a tal o cual película, sólo una vez, y te puedes arrepentir después!" Y esa persona va a una película de cine para adultos. Es corrompida y hace que la persona se sienta sucia y pecaminosa, y sale del teatro con un vacío en el alma. Supongamos que aquella persona en vez de salir sintoniza una película sucia en el televisor del cuarto del hotel. El Espíritu Santo sale contristado mientras el hijo de Dios tiene los ojos pegados a una película sensual, mala y sórdida.

He aquí otra escena: Mientras una persona va por la calle, se detiene en un puesto de revistas, y mira todas las de sexo y todo el surtido de otras publicaciones inmorales. Sólo para mirar, pero compra el

periódico y una revista sucia también, la cual oculta
entre las páginas del diario. Se la lleva a casa y la
esconde, para sacarla en secreto y deleitarse con las
fotos. Después de algún tiempo, la echa a la basura
con disgusto y dice: "¡Nunca más! ¡Es estúpida y
tonta! ¿Qué falta me hace?"

Hay algo aun más serio. Supongamos que uno va
por la calle al trabajo o la iglesia, o en autobús o
metro, mirando a todas partes siempre. Satanás le
muestra carne humana por todos lados. Muchos visten, caminan y actúan como si estuvieran poseídos
de demonios. Son como pornografía andante que
tienta los ojos. Aunque tanto los hombres como las
mujeres tienen ojos inquietos y vagabundos, tal vez
los hombres estén más inclinados a ello. Las esposas
miran de soslayo mientras sus esposos cristianos
vuelven la cabeza y siguen con ojos vagabundos a
otras mujeres, en restaurantes y aun en la iglesia. Las
esposas miran a los ojos a sus esposos. Nada es más
irrespetuoso y degradante para una esposa que un
esposo que deja vagar los ojos en presencia de ella.

Todo eso se intensifica en las grandes ciudades por
la mayor cantidad de gente, los anuncios comerciales
sensuales y la manera de vestir de los malvados. Hace
años, las mujeres llevaban los vestidos hasta el suelo.
Eran modestas, y aun se sonrojaban. Era una vergüenza mostrar siquiera un tobillo. En la actualidad,
muchas mujeres visten como prostitutas al acecho.
Hace unos cincuenta años, hubieran puesto a la mayoría en patrullas policiales, cubierto su desnudez,
y las hubieran puesto en la cárcel por inmoralidad
en la vía pública. Podemos estar seguros de que las
tentaciones serán peores y más terribles al acercarnos
al fin de esta edad.

Nos preguntamos por qué mira el hijo verdadero
de Dios lo sucio e impío. Sabemos que la concupis-

cencia de los ojos es una de las cosas contra la cual tiene que luchar más el cristiano actual. Vi a un hombre que llevaba una Biblia, en una intersección importante de la ciudad. Cuando una mujer en minifalda pasó junto a él, cruzó la calle mirando hacia atrás todo el tiempo, poniéndose en peligro de perder la vida en el tráfico. ¡Me pareció terrible! La Biblia parecía estar fuera de lugar. Eso es una batalla para pastores, abogados, médicos, políticos y gente de todas las profesiones y nacionalidades. Hay millares que se deleitan en esas cosas en secreto y no quieren que nadie lo sepa. Otros lo hacen de vez en cuando, pero están atrapados y no pueden liberarse por completo.

Quiero dirigirme ahora solamente a los que procuran agradar al Señor y andar en santidad. ¿Por qué existe esa atracción mala? ¿Por qué algunos siguen esa práctica? ¿Por qué los ojos vagabundos? Isaías dijo que las hijas de Sion tenían "ojos desvergonzados" o inquietos y vagabundos: "Las hijas de Sion se ensoberbecen, y andan con cuello erguido y con ojos desvergonzados; cuando andan van danzando, y haciendo son con los pies" (Isaías 3:16). David oró: "Aparta mis ojos, que no vean la vanidad; avívame en tu camino" (Salmo 119:37). "No pondré delante de mis ojos cosa injusta" (Salmo 101:3). En Proverbios 4:25 dice: "Tus ojos miren lo recto, y diríjanse tus párpados hacia lo que tienes delante." ¿Por qué no mantenemos los ojos puestos en lo que es correcto y puro?

**Los ojos vagabundos son síntoma
de un corazón atribulado e insatisfecho.**

Debemos reconocer que el problema de los ojos refleja una condición más profunda del corazón. Dios quiere que veamos que hay algo sin resolver en nuestro corazón y una causa profunda de los ojos lascivos y vagabundos. "Sobre toda cosa guardada, guarda tu corazón; porque de él mana la vida" (Proverbios 4:23). No consideramos el asunto con la misma seriedad que Jesucristo. El hace de este problema de los ojos un asunto de vida o muerte. No es algo que desaparece con el crecimiento. Antes bien, se debe considerar con temor de Dios, decisión y sin compasión. Debemos reconocer que Jesucristo dijo que ese pecado podría condenarnos al infierno si no se trata de una vez por todas. ¡Cristo dijo que se debe sacar el ojo malo!

Permítame usted decirle cómo pensé en este mensaje. Mencioné antes que vi a un hombre con una Biblia que miraba a una mujer en minifalda, y lo mal que me hizo sentir. Pensé: "¡Viejo verde!" Sin embargo, el Espíritu de Dios me regañó con amor y dijo: "El es tu espejo. ¡Has estado haciendo lo mismo! Tal vez no con la Biblia en la mano, pero no has estado vigilando tus ojos como debes." Aquella noche, y hasta este momento, el Espíritu Santo puso un temor reverente en mí, advirtiéndome que lo que yo miro es un asunto grave para el Señor. No es un viaje legalista de servidumbre. Es asunto de vida o muerte. Es imposible tener al mismo tiempo un corazón puro y ojos indisciplinados. La concupiscencia de los ojos es una extensión de la del corazón.

La Biblia dice que hay algunos que "mientras comen con vosotros. . . tienen los ojos llenos de adulterio, no se sacian de pecar" (2 Pedro 2:13, 14). Vienen a la casa de Dios a deleitarse con nosotros. Escuchan la Palabra y la disfrutan, pero están llenos de pasiones desordenadas. Esto incluye a mujeres y hombres. Fingen querer a Cristo y hablan como cristianos, pero tienen la mente dominada por el deseo carnal por hombres o mujeres; por eso tienen ojos desvergonzados e inquietos. Algunos vienen a orar conmigo y me dicen: "No puedo evitarlo. Algo me domina. La pasión me arrastra; debe ser algo diabólico."

En todos ellos domina la carne, no los demonios. "Sabe el Señor... reservar a los injustos para ser castigados en el día del juicio; y mayormente a aquellos que, siguiendo la carne, andan en concupiscencia e inmundicia... contumaces" (2 Pedro 2:9,10). Pedro dice: "Tienen el corazón habituado a la codicia" (2 Pedro 2:14). La palabra "habituado" tiene que ver con la desnudez. Han estado obsesionados con la desnudez. La codician, practican y buscan con los ojos. De ellos dice Pedro: "El perro vuelve a su vómito, y la puerca lavada a revolcarse en el cieno" (2 Pedro 2:22). Son seductores al acecho, palabreros y mentirosos; siempre tienen la respuesta correcta. "Pues hablando palabras infladas y vanas, seducen con concupiscencias de la carne y disoluciones a los que verdaderamente habían huido de los que viven en error" (2 Pedro 2:18). Esta es una de las advertencias más importantes y poderosas de la Palabra de Dios para la iglesia de hoy.

Todos los que han escapado de maestros falsos, han salido del error y huido de doctrinas de demonios y han dejado la corrupción de una iglesia o líder falsos, deben cuidarse de no caer en otra trampa: La de un seductor elocuente, de espiritualidad engañosa y mentiroso, enviado por el diablo precisamente cuando uno es más vulnerables.

Las mujeres casadas ¡escuchen este mensaje! Si han tenido un despertamiento espiritual y tienen hambre de Dios; si se han arrepentido y sólo quieren a Jesucristo ahora, pero su matrimonio no es lo que debería ser: hay dificultades y problemas; las cosas se han puesto agrias y él no comparte sus anhelos más hondos; si se están separando, ¡mucho cuidado! El diablo les pondrá en su camino un hombre que parezca muy espiritual, sabio y comprensivo. Parecerá que ese hombre puede leerles el pensamiento. ¡Hablará como nadie más que usted haya oído jamás! Parecerá grandioso y atractivo a su vanidad. ¡Su esposo se verá tan insignificante al compararlo!

Cierto pastor conoció a una "profetiza". Le profetizaba que su ministerio sacudiría a las naciones. Le leía el pensamiento y lo comprendía bien. Decía que al compararla con.esa mujer, su esposa parecía "materialista y sin espiritualidad". Acabaron en un amorío y la mujer profetizaba todo el tiempo "así dice el Señor..." Otro hombre, que asiste ahora a nuestra iglesia, y su esposa habían pertenecido a una congregación donde le habían dicho que no estaba a tono espiritual con ella. La congregación forzó a la esposa a divorciarse de su esposo y luego le presentaron a otro hombre [algún espectro espiritual] para que se casara con ella.

Siervos del pecado

"Les prometen libertad, y son ellos mismos esclavos de corrupción" (2 Pedro 2:19). ¡Pongamos atención a la advertencia del apóstol y cuidémonos! Los que tienen los ojos llenos de adulterio pueden reconocer a las personas atribuladas. Les ponen una mano compasiva encima, o los llaman por teléfono, y dicen: "Me preocupo por ti. El Señor me despertó y me habló de ti. Estoy listo a escuchar. Cuéntamelo todo." Si usted es casada y descubre su corazón por teléfono (o en persona) a alguien que no sea su cónyuge, ¡está pecando y jugando con fuego! Ha caído en la trampa sobre la cual advierte Pedro.

Consejo para los solteros: Si usted busca a Dios y está decidido a seguir a Jesucristo a cualquier precio, será también objeto de los ataques de Satanás. Le pondrá en el camino a alguien que tenga lo que llamo "religión de luna de miel"; esto es, suficiente seducción espiritual para llevarlo al altar. Una esposa joven me confesó: "¡El parecía tan espiritual! Sólo hablaba del Señor. Me decía que Cristo era el todo, pero el día que nos casamos cambió." No, no cambió sino que se mostró tal cual era. Ella recuerda que mientras eran novios, él tenía una lengua espiritual, pero ¡manos sucias! Esa es la prueba. ¡Renuncie a sus deseos animales y vea cuán espiritual es él!

Hay personas que no permiten que sus ojos ofendan a Cristo que vive en ellos.

Hay un versículo bíblico que me ha preocupado durante años: "Si tu ojo derecho te es ocasión de caer, sácalo, y échalo de ti; pues mejor te es que se pierda uno de tus miembros, y no que todo tu cuerpo sea echado al infierno" (Mateo 5:29). Se trata de una persona que esté bajo el señorío absoluto de Cristo. Si la carne o el "yo" nos gobernaran, ¿qué podría ofendernos? Los ojos nos ofenden, y todo lo que sea diferente de Cristo se vuelve ofensivo, porque Cristo tiene el gobierno supremo de nuestra vida. Las palabras de Jesús nos muestran la gravedad que le pone al asunto de los ojos vagabundos. Vuelve a mencionar el mismo mensaje en Mateo 18. ¡Dos veces en el mismo libro! Si Cristo gobierna y reina en su corazón, sentirá su tristeza cada vez que mire a una persona para desearla, tome en sus manos una revista pornográfica, mire aunque sea por cinco minutos una película sucia o compre o alquile una película corrompida. Su espíritu clamará: "¡Oh Señor, te estoy ofendiendo con los ojos!"

"Si tu ojo derecho te es ocasión de caer. . ." ¿Por qué habla Jesucristo del ojo derecho? ¿No puede el ojo izquierdo ver lo mismo? El ojo derecho representa la autoridad dominante. Jesucristo se sienta a la diestra del Padre. Como Dios es Espíritu, no podría haber una derecha o izquierda en sentido literal. Más bien, representa la posición de autoridad omnipotente del Señor; la diestra representa el poder. Así que "tu ojo derecho" es cualquier codicia que ha asumido una posición de poder dominante o autoridad en el cuerpo. Los pecados del ojo derecho son los que tienen raíces, los que con tanta facilidad nos importunan. Se vuelve el ojo derecho de la carne, el ojo dominante, cuando se presenta "al pecado como instrumentos de iniquidad. . ." (Romanos 6:13).

Para algunos es un ojo derecho dominante de fantasía. La maldición de los matrimonios son los cónyuges que sueñan despiertos con algo mejor, con un ojo malo ciego a la realidad y fijo en alguna fantasía. No pueden esperar un milagro de sanidad de Dios porque viven con una visión falsa de que en algún lugar existe su cónyuge perfecto.

Hace años, estuve en un programa de televisión con un cómico que se había casado ocho veces y estaba a punto de hacerlo una vez más. Le dije: "Creo que acabo de conocer al hombre más triste del país." Después, él dijo: "¡Ocho mujeres no podían estar equivocadas conmigo! Esperaba que me trajeran la felicidad; estuve casado con una de ellas ¡sólo una semana!" Como ninguna lo podía hacer feliz, las dejaba. Si usted es uno de esos que sueñan despiertos, necesita un colirio del Espíritu Santo que le limpie los ojos. Las fantasías pueden destruir lo que quede de su matrimonio.

¡Jesús dijo que sacara el ojo y lo echara lejos! Dice sencilla y claramente: "¡Ya basta! ¡Detenlo, córtalo, no más! No más fantasías malas. No más revistas y películas sucias, ni ojos desvergonzados. ¡Arroja lejos ese ojo derecho! No dejes que esa pasión te gobierne más. ¡Arráncala del corazón!" Jesucristo no le da excusas; dice solamente que la rinda o si no se pierde: "Mejor te es que se pierda uno de tus miembros, y no que todo tu cuerpo sea echado al infierno." Uno puede orar, pedir misericordia, rogar por la gracia, excusar la pasión como debilidad, decir que uno es incapaz de luchar, y aun que es obra de Dios y no propia. Sin embargo, Jesucristo dijo: "Sácalo y échalo de ti." No se nos mandaría a hacer lo imposible; tiene que ser posible porque El nos dijo que lo hiciéramos; pero no queremos luchar contra el pecado. Al contrario, nos hundimos en el sillón frente a una película de la televisión, sintonizamos algo vil y oramos: "Dios, ¿dónde está tu poder? ¡Líbrame!" Nos acercamos a un puesto de periódicos, tomamos una revista sucia, y susurramos: "Señor, ¿dónde estás?"

Escuchemos la advertencia de Cristo: "Yo os digo que cualquiera que mira a una mujer para codiciarla, ya adulteró con ella en su corazón" (Mateo 5:28). La mayoría de las personas admitirían que un amorío secreto destruye la confianza y arruina el matrimonio, y que fuera de la gracia de Dios nunca es lo mismo. Sin embargo, el mirar materiales pornográficos, para hombres o mujeres, codiciando las imágenes, tiene el mismo efecto. ¡Es la misma infidelidad! Igual sería que hubiera tenido relaciones físicas con una prostituta. El adulterio mental acabará con su relación conyugal. Lastima los matrimonios porque el cónyuge no puede dar la medida de lo que se ha visto. El diablo dice: "¡Tu cónyuge está muy gordo! ¡Mira con lo que te casaste!" Se hacen las comparaciones y lo que uno tiene parecerá lejos e incomparable con el producto de la fantasía. Entonces uno mira y deja vagar los ojos porque su cónyuge no puede satisfacerlo. Satanás le ha corrompido la mente y lo hace sentir engañado.

Sobre el tema de la masturbación, aun hay autores cristianos que han escrito que es un medio aceptable para aliviar la tensión y que no es fornicación. Hay cristianos solteros que no consideran pecado ese placer, mientras esté todo en la mente; pero la Palabra de Dios la considera un abuso de sí mismo. Pablo, que era soltero, dijo: "Sino que golpeo mi cuerpo, y lo pongo en servidumbre, no sea que habiendo sido heraldo para otros, yo mismo venga a ser eliminado" (1 Corintios 9:27). Pablo dijo: "Yo no me dejaré dominar de ninguna" (1 Corintios 6:12). El peligro para solteros y casados es que tales pasiones y hábitos controlan y dominan el cuerpo. "Huid de la fornicación. Cualquier otro pecado que el hombre cometa, está fuera del cuerpo; mas el que fornica, contra su propio cuerpo peca. ¿O ignoráis que vuestro cuerpo es templo del Espíritu Santo, el cual está en vosotros, el cual tenéis de Dios, y que no sois vuestros? Porque habéis sido comprados por precio; glorificad, pues, a Dios en vuestro cuerpo y en vuestro espíritu, los cuales son de Dios" (1 Corintios 6:18-20).

¿Puede Dios mantener puros a los solteros? ¿Puede El darles ojos de pureza? "Y a aquel que es poderoso para guardaros sin caída, y presentaros sin mancha delante de su gloria con gran alegría" (Judas 24). A la mujer soltera o divorciada El le dice: "No temas, pues no serás confundida; y no te avergüences, porque no serás afrentada, sino que te olvidarás de la vergüenza de tu juventud, y de la afrenta de tu viudez no tendrás más memoria. Porque tu marido es tu Hacedor; Jehová de los ejércitos es su nombre; y tu Redentor, el Santo de Israel; Dios de toda la tierra será llamado. Porque como a mujer abandonada y triste de espíritu te llamó Jehová, y como a la esposa de la juventud que es repudiada, dijo el Dios tuyo" (Isaías 54:4-6). A los jóvenes les dice David por medio del Espíritu Santo: "Mi porción es Jehová" (Salmo 119:57).

¡Si no se arranca la maldad que ve el ojo, todo lo que hay en uno se vuelve malo!

"La lámpara del cuerpo es el ojo; cuando tu ojo es bueno, también todo tu cuerpo está lleno de luz; pero cuando tu ojo es maligno, también tu cuerpo está en tinieblas. Mira pues, no suceda que la luz que en ti hay, sea tinieblas" (Lucas 11:34, 35).

Apareció un artículo en un periódico dominical reciente que ilustra bien estos versículos. Se refería a una estrella de cine que se enamoró de su galán; pero no fue correspondida; él era amable y ella confundió la amabilidad con el amor. El tenía otra novia. La actriz se obsesionó tanto que perdió el uso de la razón, y le envió una muñeca desfigurada dejada a la entrada de la casa de él, y lo perseguía con llamadas telefónicas y cartas. La policía la detuvo para interrogarla. ¡Su pasión le había destruido la vida!

De eso habla la Palabra; la maldad que el ojo no deja ir y se convierte en una obsesión, toma el control y se pierde todo el sentido común; las personas inteligentes hacen cosas estúpidas y peligrosas. La mente, el cuerpo, el alma y el espíritu llegan a estar todos llenos de tinieblas de maldad.

Una joven me contó que su amor por un muchacho

la estaba destruyendo. Sentía que perdía el control de la mente por estar soñando siempre en como sería su vida con él. Le hablé al joven y se quedó sorprendido: "Nunca le he dado razón para pensar que la amo. ¡Nunca hemos salido juntos! La he visto dos veces." Ahora ella está al borde del suicidio, por su obsesión, y él sufre porque no fue culpa suya, sino del ojo de maldad de ella.

¿Por qué insiste tanto Cristo y manda que se saque esa maldad, se termine y se arroje lejos? Porque El conoce las tinieblas horribles y la confusión que inundan a la persona.. Todo lo que hace tendrá una mancha de maldad. No podrá escuchar la Palabra de Dios. La luz que cree que tiene dentro se convertirá en oscuridad. Le pasarán por la mente pensamientos horribles de maldad. La persona se vuelve capaz de mentir, engañar y tolerar; llama mal al bien y se pervierte en todos sus caminos. Tal persona dice: "Sí, hay algo que me controla los ojos. Tengo la vista puesta en algo o alguien, pero no puedo detenerme ni aflojar." Cristo no dijo que sería fácil, sino posible. "Mejor te es entrar en la vida cojo o manco, que... ser echado en el fuego eterno" (Mateo 18:8). Tal vez acabe usted con el corazón quebrantado o cojera emocional, pero es eso o ¡el infierno! Sí, puede ser como morir. Algo morirá en uno, pero tiene que salir o si no se condenará el alma.

Leí un sermón de un predicador famoso de Nueva York, predicado en una catedral. Dijo: "No repriman esos sentimientos profundos. ¡Denles rienda suelta! Entréguense a ellos, pues de lo contrario ustedes destruirán su personalidad." ¡Ese predicador va a tener que enfrentarse a un ejército de almas condenadas en el infierno, que no le darán reposo por toda la eternidad por haberles mentido!

Cristo dijo: "¡Sácalo, y échalo de ti!"

11

¡El pueblo de Dios sufre!

Una hermana muy apreciada se acercó al micrófono a orar en una reunión reciente de nuestra iglesia. Con lágrimas, oró: "¡Oh Dios, tu pueblo sufre! ¡Señor, todos tus hijos sufren mucho! ¡Ayúdanos, por favor!" Se podía sentir la reacción de toda la gente presente en el auditorio, como si cada uno dijera: "¡Sí, ese soy yo; sufro mucho!" Mientras iba a casa aquella noche, lloraba por dentro. Oré: "Señor, no sólo tus preciosas ovejas de la congregación se duelen. Yo también sufro a veces y soy uno de tus pastores."

Hay una teología actualmente que señalaría tal manera de pensar como confesiones negativas. He visto personas golpeadas y maltratadas, que se muerden los labios y confiesan de modo positivo: "No sufro. Me siento muy bien." ¡Estaban mintiendo! En realidad sufrían mucho. Los creyentes, inclusive los pastores, a menudo ocultan sus verdaderos dolores detrás de una máscara de sonrisas forzadas y confesiones fingidas. Existe la idea de que todos los creyentes en Cristo deben sonreír siempre, felices, conociendo adonde se dirigen, realizados y satisfechos. La verdad es que detrás de las sonrisas, las alabanzas y las manos levantadas, puede haber un infierno íntimo. Uno puede al regresar a casa después de una reunión de la iglesia, ir a su cuarto y cubrir su almohada con lágrimas.

Así le pasaba a David, un hombre conforme al corazón de Dios. "Me he consumido a fuerza de gemir; todas las noches inundo de llanto mi lecho" (Salmo 6:6). Este destructor de gigantes, guerrero poderoso de quien cantaban "David mató sus diez mil", el poeta que escribió tanto sobre la confianza en Dios y el depósito de todos los cuidados en El, este hombre de Dios clamó: "Sáname, oh Jehová, porque mis huesos se estremecen" (Salmo 6:2). David había pecado gravemente y confesó: "Porque mis iniquidades se han agravado sobre mi cabeza; como carga pesada se han agravado sobre mí. Hieden y supuran mis llagas, a causa de mi locura. Estoy encorvado, estoy humillado en gran manera, ando enlutado todo el día... Estoy debilitado y molido en gran manera; gimo a causa de la conmoción de mi corazón" (Salmo 38:46, 8).

David expresa con exactitud lo que tal vez les ocurra a algunos lectores ahora mismo: El sentirse dominados por el pecado, como olas inesperadas que pasan por el alma. Uno no entiende por qué se hunde de nuevo, y grita: "¡Oh Dios, es demasiado para mí, ya no puedo más!" Nos sentimos heridos y sabemos que apestamos por dentro a causa del pecado. Sabemos que hemos sido necios y estúpidos. Se siente la corrupción espiritual y la mente está tan enferma que afecta al cuerpo. El fracaso, la falta de victoria, nos hace andar "enlutados todo el día". Hay depresión nerviosa y temor. Uno está "encorvado... humillado... gimiendo... con el alma perturbada y conmovida".

David presentía que sufría por los pecados cometidos. No decía que Dios fuera injusto por castigarlo. Todo lo que David quería era la corrección con amor: "Jehová, no me reprendas en tu enojo, ni me castigues con tu ira. Ten misericordia de mí, oh Jehová, porque estoy enfermo. . ." (Salmo 6:1, 2). Jeremías oró: "Castígame, oh Jehová, mas con juicio; no con tu furor, para que no me aniquiles. Derrama tu enojo sobre los pueblos que no te conocen, y sobre las naciones que no invocan tu nombre. . ." (Jeremías 10:24, 25). El clamor de David y Jeremías es: "¡Señor, mi necedad y el pecado que me asedia me han causado mucho sufrimiento! Sé que tienes derecho a corregirme y disciplinarme, pero ¡recuerda, por favor, que todavía soy hijo tuyo! Derrama tu ira sobre los que no te quieren. He pecado, pero todavía te amo. Corrígeme con amor. Ten misericordia; tu ira me consumiría."

Hay una ira de Dios y un castigo para la maldad con obstinación, pero también existe la disciplina con amor para los que se arrepienten y vuelven a Dios. Si sentimos los dardos de Dios en el alma que nos lastiman por pecados pasados y actuales, pero tenemos el corazón arrepentido que quiere apartarse del pecado, podemos pedir su amor que disciplina. Seremos corregidos, pero con mucha compasión y misericordia; así como un padre cariñoso castiga a su hijo porque lo ama. No sentiremos su ira como los inconversos, sino que con la vara del castigo también sentiremos sus brazos amorosos extendidos.

El último recurso

¡Hay una bancarrota espiritual, física y mental! Ya está agotada la capacidad para luchar y resistir. La persona se encuentra agotada, vacía, seca y, a veces, entumecida y sin sentimientos. Se sabe que sin una infusión sobrenatural de la fortaleza de Cristo, uno ya no puede seguir. Nos encontramos en un callejón sin salida; al fin del camino y de las fuerzas. No es perder la esperanza en el Señor; es que uno ha gastado toda su fuerza humana y sólo el Señor podrá ayudar. Ni las vacaciones, ni el reposo y la relajación servirían, pues hacen falta ¡la voluntad y el poder sobrenaturales!

David pasó por ahí. ¿Lo ha sufrido usted? ¿Está en esa situación ahora? ¿Se pregunta si acaso esté bajo el juicio de Dios? ¿Conoce la pecaminosidad de la carne y se siente indigno? ¿Clama en su interior como David: "Estoy débil y tengo el alma confundida. Mis pecados son demasiado complicados y no puedo comprenderlos. Estoy enfermo y cansado de la culpa y los gemidos internos de mi alma. Lloro ríos de lágrimas y a veces me siento morir. . .?"

La Palabra de Dios está llena de relatos de grandes hombres de Dios que llegaron al fin de sus recursos, al haber agotado sus fuerzas. Prediqué un sermón titulado "La formación de un hombre de Dios" con comentarios sobre tres cosas a las que Cristo se enfrentó en el huerto: Una copa de dolor, una hora de confusión y una noche de aislamiento. Todos los verdaderos hombres y mujeres de Dios han pasado por eso. Un pastor que oyó el sermón me dijo: "¡Eso es triste! No lo creo. Esta senda es de victoria solamente, sin tristezas, ni lágrimas, ¡sólo gozo!" Lo más triste es que durante los últimos años ¡él lo ha tenido que soportar todo!

David confesó: "Soy contado entre los que descienden al sepulcro; soy como hombre sin fuerza, abandonado entre los muertos. . ." (Salmo 88:4, 5). El Salmo 22 es el grito de Jesucristo desde la cruz: "Dios mío, Dios mío, ¿por qué me has desamparado? ¿Por qué estás tan lejos de mi salvación. . .? Dios mío, clamo de día, y no respondes. . . He sido derramado como aguas. . . mi corazón fue como cera. . . como un tiesto se secó mi vigor. . . Mas tú, Jehová, no te

alejes; fortaleza mía, apresúrate a socorrerme''
(Salmo 22:1, 2, 14, 15, 19). David confesó que su pecado lo había debilitado y llevado a su último re-
curso: "Porque mi vida se va gastando de dolor, y
mis años de suspirar; se agotan mis fuerzas a causa
de mi iniquidad. . ." (Salmo 31:10). Sin embargo,
clama después a Dios: "Cuando mi fuerza se acabare,
no me desampares" (Salmo 71:9).

Tal vez uno mismo se haya acarreado el sufrimiento. ¿Cuántas esposas sufren ahora porque se ca-
saron con hombres fuera de la voluntad de Dios?
¡Ahora abusan de ellas y viven como en un infierno!
¿Cuántos hijos entristecen a sus padres y los llevan
al borde de la desesperación? Todo debido a pecados
de años pasados, abandono y transigencia. Hay muchos desesperados por el SIDA y otras enfermedades
causadas por sus pecados pasados. Ya es hora de
pasar de lo que causó el problema a la compunción
de corazón, el arrepentimiento y la fe; hora de recibir
una infusión de la fortaleza del Espíritu Santo. No
se necesita un predicador que diagnostique el problema; uno *sabe* que ha llegado a su punto más bajo,
sabe por qué, y que se le ha acabado la fuerza. Es
tiempo de renovación, avivamiento y desborda-
miento de fortaleza espiritual dentro del ser.

Si en su corazón hay pesar piadoso y ama a Dios,
aunque usted esté caído, ¡El no lo dejará apagarse
por completo! Cuando David andaba por fe en arrepentimiento, dijo: "Tú encenderás mi lámpara; Jehová mi Dios alumbrará mis tinieblas. Contigo des-
barataré ejércitos, y con mi Dios asaltaré muros. En
cuanto a Dios, perfecto es su camino, y acrisolada la
palabra de Jehová; escudo es a todos los que en él
esperan. Porque ¿quién es Dios sino sólo Jehová? ¿Y
qué roca hay fuera de nuestro Dios? Dios es el que
me ciñe de poder, y quien hace perfecto mi camino;

quien hace mis pies como de ciervas, y me hace estar firme sobre mis alturas; quien adiestra mis manos para la batalla, para entesar con mis brazos el arco de bronce. Me diste asimismo el escudo de tu salvación; tu diestra me sustentó, y tu benignidad me ha engrandecido. Ensanchaste mis pasos debajo de mí, y mis pies no han resbalado... pues me ceñiste de fuerzas para la pelea; has humillado a mis enemigos debajo de mí" (Salmo 18:28-36, 39).

Dios promete fortaleza a sus ungidos: "Bendito sea Jehová, que oyó la voz de mis ruegos. Jehová es mi fortaleza y mi escudo; en él confió mi corazón, y fui ayudado, por lo que se gozó mi corazón, y con mi cántico le alabaré. Jehová es la fortaleza de su pueblo, y el refugio salvador de su ungido. Salva a tu pueblo, y bendice a tu heredad; y pastoréales y susténtales para siempre" (Salmo 28:6-9). Si uno clama, El lo llena de su fortaleza: "El día que clamé, me respondiste; me fortaleciste con vigor en mi alma... Si anduviere yo en medio de la angustia, tú me vivificarás; contra la ira de mis enemigos extenderás tu mano, y me salvará tu diestra" (138:3, 7).

Cuando parece que no hay respuestas a las oraciones

Quiero mostrar la agonía profunda de un hombre muy santo de la historia. Veamos si puede usted identificar al que habla: "Yo soy el hombre que ha visto aflicción bajo el látigo de su enojo. Me guió y me llevó en tinieblas, y no en luz... Me cercó por todos lados, y no puedo salir; ha hecho más pesadas mis cadenas; aun cuando clamé y di voces, cerró los oídos a mi oración... Perecieron mis fuerzas, y mi esperanza en Jehová" (Lamentaciones 3:1, 2, 7, 8, 18).

¿Es posible que un justo diga tales palabras? ¿Quién fue ese hombre que perdió la esperanza y dijo que Dios había cerrado los oídos a su oración? Fue nadie menos que el santo profeta Jeremías. "Te cubriste de nube para que no pasase la oración nuestra" (Lamentaciones 3:44). También usted y yo hablamos así en las crisis de nuestra vida, cuando parece que Dios ha cerrado el cielo y que nuestras oraciones se han perdido. ¿Clama entonces usted con Jeremías: "Yo soy el hombre que ha visto aflicción; estoy en una situación de la que parece que no puedo salir"?

Si no creemos en la elección de tiempo del Espíritu Santo, nunca entenderemos por qué las oraciones parecen tardarse. Todas las promesas de Dios surgirán para probarnos, ¡a menos que reposemos en la elección de tiempo del Señor! Se escribió acerca de José y su encarcelamiento: "Hasta la hora que se cumplió su palabra, el dicho de Jehová le probó" (Salmo 105:19). Este versículo sobre la elección de tiempo del Espíritu Santo viene entre estas dos declaraciones: 1) "Afligieron sus pies con grillos; en cárcel fue puesta su persona" (versículo 18) y 2) "Envió el rey, y le soltó... y le dejó ir libre" (versículo 20). La prueba de la espera le quebrantó el corazón. Escuchemos el ruego conmovedor de José al copero, después que José le reveló que saldría de la prisión y sería restaurado a su puesto: "Acuérdate, pues, de mí cuando tengas ese bien, y te ruego que uses conmigo de misericordia, y hagas mención de mí a Faraón, y me saques de esta casa... tampoco he hecho aquí por qué me pusiesen en la cárcel" (Génesis 40:14, 15).

Hay quienes preguntarían dónde estaba la fe de José. El estaba tan cerca de Dios y podía interpretar sueños y misterios. Dios le hablaba. Era santo y mantenía una comunión íntima con Dios. Entonces ¿por qué no reposaba solamente, oraba y confiaba en que Dios lo sacaría? ¿Por qué ese ruego tan lastimoso: "Háblale de mí a Faraón; ayúdame a salir de este infierno en vida"? ¡Lo estaba probando la Palabra! Uno puede leerla, orar acerca de ella y predicarla, pero a menos que sea probada en uno, no producirá vida. Tal vez a usted lo está probando la Palabra ahora mismo. Ha visto que Dios responde muchas oraciones, pero ahora está ante una oración que ha estado sin respuesta por mucho tiempo. Los clamores, gritos, manos levantadas y angustias parece que nadie los escucha y no hay señales de respuesta por ninguna parte. Le parece que lo que parecía milagro toma una dirección opuesta.

Permítame decirle lo que se va a necesitar para vencer en estos postreros días. Debemos permanecer firmes en cada promesa, creerla y orar con fe, eficacia, fervor, sin dudar y luego esperar y descansar, confiando en que el Señor hará lo recto, a *su tiempo y modo*. Pocos creyentes en la actualidad esperan con paciencia a que Dios obre a su tiempo. Mientras más se tarda la respuesta, más enojados se ponen. Algunos al fin se dan por vencidos, pues piensan que Dios no responde. ¿Puede usted decir con Habacuc: "Estaré quieto en el día de la angustia... Aunque la higuera no florezca, ni en las vides haya frutos, aunque falte el producto del olivo, y los labrados no den mantenimiento, y las ovejas sean quitadas de la majada, y no haya vacas en los corrales; con todo, yo me alegraré en Jehová, y me gozaré en el Dios de mi salvación. Jehová el Señor es mi fortaleza... y en mis alturas me hace andar" (Habacuc 3:16-19)?

¡No piense usted que Jeremías siguió desesperado! Como David, salió a un lugar glorioso de esperanza y victoria. El recordó que su Dios estaba lleno de compasión y misericordia: "Esto recapacitaré en mi corazón, por lo tanto esperaré. Por la misericordia de Jehová no hemos sido consumidos, porque nunca decayeron sus misericordias. Nuevas son cada mañana; grande es tu fidelidad. Mi porción es Jehová, dijo mi alma; por tanto, en él esperaré. Bueno es Jehová a los que en él esperan, al alma que le busca. Bueno es esperar en silencio la salvación de Jehová. . . Porque el Señor no desecha para siempre; antes si aflige, también se compadece según la multitud de sus misericordias" (Lamentaciones 3:21-26,31, 32).

David, en el mismo Salmo con el cual comenzamos, dijo: "Porque Jehová ha oído la voz de mi lloro. Jehová ha oído mi ruego" (Salmo 6:8, 9). El ha guardado todas las lágrimas, recibido todos los clamores y escuchado con atención todas las oraciones. Uno puede estar seguro de que si debe pasar por un horno ardiente de aflicción, El estará allí mismo acompañándolo. Dios tiene un propósito en todo lo que permite; y para cada prueba difícil, El da una gracia especial.

Cuando uno hace lo recto y las cosas todavía salen mal

En toda la Palabra de Dios, David es un prototipo y ejemplo del hombre que ama a Dios, que hizo lo recto (a excepción del pecado contra Betsabé y Urías). "David había hecho lo recto ante los ojos de Jehová, y de ninguna cosa que le mandase se había apartado en todos los días de su vida, salvo en lo tocante a Urías heteo" (1 Reyes 15:5). Desde que Samuel vertió el óleo sobre él y lo ungió por rey de Israel ". . . desde aquel día en adelante el Espíritu de Jehová vino sobre David" (1 Samuel 16:13). Se dijo: "Mas Saúl estaba temeroso de David, por cuanto Jehová estaba con él... y David se conducía prudentemente en todos sus asuntos, y Jehová estaba con él... Saúl, viendo y considerando que Jehová estaba con David..." (1 Samuel 18:12, 14, 28).

¿Qué recibe David por toda esa bondad? ¡Aflicciones por todos lados! Aunque debemos recordar que Dios todavía estaba con él. "Habló Saúl a Jonatán su hijo, y a todos sus siervos, para que matasen a David... Y Saúl procuró enclavar a David con la lanza a la pared, pero él se apartó..." (1 Samuel 19:1, 10). David huyó por temor de Saúl: "Y se fue a Aquis rey de Gat... y tuvo gran temor de Aquis rey de Gat. Y cambió su manera de comportarse delante de ellos, y se fingió loco entre ellos, y escribía en las portadas de las puertas, y dejaba correr la saliva por su barba" (1 Samuel 21:10-13).

Recordemos cuando este hombre piadoso estuvo firme y sin temor delante del gigante Goliat. Pensemos en las multitudes que lo aclamaban: "David mató a sus diez miles." Ahora se encoge de temor; su mejor amigo se ha apartado de él; está tan sobrecogido de temor que finge locura para salvarse. Termina por ocultarse en la cueva de Adulam con cuatrocientos hombres descontentos que se unieron a él. Después de ser perseguido por el ejército de Saúl, ocultándose y huyendo, David dijo: "Al fin seré muerto algún día por la mano de Saúl; nada, por tanto, me será mejor que fugarme a la tierra de los filisteos..." (1 Samuel 27:1). David era atacado por muchos temores. Debe haber considerado que el día de su unción había sido un gran error. ¿Pensaba acaso David: "Señor, no puede ser que estés conmigo, ni que sea tu ungido. ¡Todo me sale mal! Es inútil. Tendré que pasarme al enemigo. Bien se ve que Dios está enojado conmigo"? ¿Ha dicho usted alguna vez: "No me queda más remedio que escapar"?

Sin embargo, Dios no había desamparado a David ni un momento. Sabemos que "desde aquel día en adelante el Espíritu de Jehová vino sobre David." Lo mismo nos pasa a nosotros. El día que el Espíritu de Dios nos trajo a Jesucristo y nos ungió, El entró a nosotros para quedarse y permanecer. ¡En las pruebas y las incomodidades, El es nuestro consolador! Las cosas parecen ir mal, pero para los que confiamos, Dios tiene todo bajo control.

¿Por qué le salían las cosas mal a David? Porque estaba en la escuela del Espíritu Santo. Dios estaba formando su carácter, y sólo con la aflicción lo conseguiría. No debería haber más reyes como Saúl, sin disciplina ni preparación por falta de pruebas. Saúl había comenzado bien, pero pronto se acobardó porque nunca se le puso a prueba. Dios buscaba ahora a un hombre en quien pudiera confiar, y con el cual pudiera construir una casa duradera. Nunca pasó un momento en que el Espíritu Santo no estuviera con David. Dios pudo haber enviado ángeles, dicho la Palabra o enviado una hueste celestial para evitarle a David todas esas dificultades. Al contrario, lo permitió todo, para que David agotara todos sus esfuerzos y dependiera por completo del Señor. Si David no hubiera pasado por esas pruebas, no nos hubiera dado todos esos grandes Salmos de confianza y fe; o los Salmos hubieran sido sólo una teología sin vida.

Algunos estamos en Siclag con David, o vamos en camino a ese lugar. En 1 Samuel, capítulo 30, se relata la historia de que los amalecitas habían dominado al pueblo de Dios, devastando vidas y propiedades. David estaba muy angustiado pues su propia gente hablaba de apedrearlo, pues lo culpaban de aquel desastre. "Mas David se fortaleció en Jehová su Dios" (1 Samuel 30:6). Al consultar él al Señor (versículo 8), se le aseguró que todo lo perdido se le devolvería. En el versículo 19, vemos el resultado final: "Todo lo recuperó David."

Gracias a Dios que David recuperó a su familia y sus bienes, pero hubo mucho más que le fue restaurado. Lo más importante es que recobró su confianza en Dios y la seguridad de que Dios estaba con él. Se renovó el poder de su unción, junto con un aborrecimiento nuevo al enemigo. ¡Aquel día David recibió su diploma! Había aprendido a consultar al Señor y a fortalecerse en El. Desde aquel día, se hizo cada vez más fuerte y prevaleció.

12

La incubación de huevos de áspides

"Incuban huevos de áspides" es una expresión bíblica, no un chiste, y tiene que ver con el andar en santidad delante de Dios. El profeta Isaías descubrió la causa secreta del colapso espiritual del pueblo de Dios. Dios le ordenó a Isaías que les diera una advertencia como con sonido agudo de trompeta. "Clama a voz en cuello, no te detengas; alza tu voz como trompeta, y anuncia a mi pueblo su rebelión, y a la casa de Jacob su pecado" (Isaías 58:1). Se le dijo a Isaías que expusiera los pecados del pueblo de Dios, los que lo buscaban diariamente, se deleitaban en conocer sus caminos y andar en justicia, y querían acercarse a Dios. "Que me buscan cada día, y quieren saber mis caminos, como gente que hubiese hecho justicia, y que no hubiese dejado la ley de su Dios; me piden justos juicios, y quieren acercarse a Dios" (Isaías 58:2). Sin embargo, sus oraciones no logran nada y su ayuno era en vano. Llegaron a la conclusión de que todos sus sacrificios, oraciones y búsqueda de Dios no daban buenos resultados. En realidad, Dios estaba ocultando su rostro de ellos. "Pero vuestras iniquidades han hecho división entre vosotros y vuestro Dios, y vuestros pecados han hecho ocultar de vosotros su rostro para no oír" (Isaías 59:2).

Había una buena razón para el enojo de Dios. Su pueblo sabía lo que debía hacer y frecuentaba su casa. También sabía lo que debía decir: "Queremos oír el mensaje de Dios y hacer lo que nos diga." Parecían tan obedientes y se veían tan religiosos, pero tenían el corazón dividido; amaban a Dios sólo de boca. Dios le reveló a Ezequiel que los judíos "estarán delante de ti como pueblo mío, y oirán tus palabras, y no las pondrán por obra; antes hacen halagos con sus bocas, y el corazón de ellos anda en pos de su avaricia. Y he aquí que tú eres a ellos como cantor de amores, hermoso de voz y que canta bien; y oirán tus palabras, pero no las pondrán por obra" (Ezequiel 33:31, 32). Por eso Dios le ordenó a Isaías que clamara en voz alta contra su pueblo, que parecía buscarlo con tanta diligencia.

¿Cuál pecado hizo que Dios retirara su presencia? El pecado fue: "Incuban huevos de áspides, y tejen telas de arañas" (Isaías 59:5). La mente es como el vientre del corazón, y los pensamientos como la semilla o esperma. Los pensamientos malos son como semillas de serpiente, que se volverán huevos si la semilla no se destruye de inmediato. Dios ve lo que pasa dentro del vientre de la mente. El no juzga por las apariencias exteriores, sino que tiene en cuenta el corazón. "Cual es su pensamiento en su corazón, tal es él" (Proverbios 23:7). El pueblo de Dios adoraba con los labios solamente. Gritaban "¡amén!" a todos los llamados a la santidad, y parecían amantes devotos de la verdad. No obstante, su mente era como cueva de serpientes. Eran nidos llenos de huevos de serpiente, y estaban sentados en presencia de Dios, incubando pensamientos malos. Tenían la mente envenenada y pensaban en ídolos. Tejían telarañas con excusas débiles para deleitarse en cosas prohibidas.

Ayunaban, oraban, clamamban a Dios, practicaban la religión, pero no tenían la mente limpia. No habían cautivado los pensamientos ni la imaginación desenfrenada.

No hay nada inofensivo ni inocente en los malos pensamientos. Si no se les expulsa enseguida pueden envenenar el alma. "Buscad a Jehová mientras puede ser hallado, llamadle en tanto que está cercano. Deje el impío su camino, y el hombre inicuo sus pensamientos, y vuélvase a Jehová, el cual tendrá de él misericordia, y al Dios nuestro, el cual será amplio en perdonar. Porque mis pensamientos no son vuestros pensamientos, ni vuestros caminos mis caminos, dijo Jehová. Como son más altos los cielos que la tierra, así son mis caminos más altos que vuestros caminos, y mis pensamientos más que vuestros pensamientos" (Isaías 55:6-9).

Algunos creyentes en Cristo dejan que el enemigo siembre pensamientos malos en su mente, y los dejan ahí, sin hacer nada al respecto, sin darse cuenta del peligro que corren. Jesús comparó tales pensamientos malos con la cizaña o hierba mala y dijo que "el enemigo que la sembró es el diablo" (Mateo 13:39). Los creyentes deben desechar esos pensamientos tan pronto como aparezcan. La lucha del creyente en Cristo se hace "refutando argumentos, y toda altivez que se levanta contra el conocimiento de Dios, y llevando cautivo todo pensamiento a la obediencia a Cristo" (2 Corintios 10:5). Esta actividad se relaciona con el versículo cuatro: "La destrucción de fortalezas." Los pensamientos malos se convierten en fortalezas. Satanás planta el pensamiento, y está decidido a mantenerlo vivo y protegerlo hasta que conciba y se vuelva una serpiente adulta. El consentimiento y la tolerancia de los pensamientos malos realizan la incubación de la serpiente. Dios dice que hay que abatirlos, desecharlos y poner todos los pensamientos en cautividad. No se permita que ni un solo pensamiento malo ande libre. Persiga ese pensamiento, captúrelo y mátelo.

Los pensamientos dañinos son los más peligrosos

Esta es la primera de tres maneras de concebir e incubar huevos de serpiente que presentaré. Cuando alguien no lo entiende a usted y le dice palabras hirientes, ¿permite que esos pensamientos se sigan repitiendo en la mente? Si así lo hace, usted está concibiendo huevos de serpiente. Por ejemplo, este ministerio recibe cartas críticas. Después de que enviamos el calendario de Navidad del año pasado, un predicador de santidad respondió con una nota misteriosa: "Quíteme de su lista de correspondencia. Usted y su esposa parecen dos pentecostales comunes." ¿Era nuestra sonrisa demasiado amplia? ¿Le molestaba la bufanda de Gwen, o su peinado? Además, se me acusa con frecuencia de preocupar a la iglesia con mi carácter melancólico y condenatorio. La esposa de un pastor dijo: "Nunca lo he visto sonreír en veinticinco años." Ahora, pues, si caviláramos en todas esas declaraciones hirientes, concebiríamos e incubaríamos los huevos de serpiente de la amargura y el resentimiento.

Dios parece decir: "¡No patees la serpiente, mátala! No luches con tus acusadores, no reacciones. Deja de pensar en justificarte ahora mismo. Si sigues con esos pensamientos, si los repasas una y otra vez, concebirás un huevo e incubarás una serpiente." La Biblia dice: "Si los apretaren, saldrán víboras" (Isaías 59:5). Hay madres e hijas, padres e hijos que son

mi pan comía, alzó contra mí el calcañar" (Salmo 41:5-9).

Hay muchos millares de personas que han dejado la Iglesia y se han apartado del Señor porque la amargura los carcomió. Alguien dijo algo doloroso y poco amable, y ellos se sintieron heridos. Entonces incubaron esos huevos de serpiente de pensamientos dañinos y dejaron que la serpiente anidara en su corazón. Ahora no pueden perdonar ni olvidar. La Biblia dice: "Se apartaron los impíos. . . hablando mentira. . . veneno tienen como veneno de serpiente" (Salmo 58:3, 4). Las mentiras, indirectas y chismes son muy venenosos para nosotros, si les permitimos que entren al corazón, cavilamos en ellos, nos defendemos y buscamos venganza. Dios dijo: "Mía es la venganza, yo daré el pago" (Hebreos 10:30). Si uno desecha todos los pensamientos de venganza y permanece tranquilo, poniendo en cautividad todos los pensamientos malos, vivirá para ver el día terrible cuando Dios arregle cuentas. Uno se alegrará mucho de no haberse hecho justicia por su propia mano.

¿Repasa usted muchas veces todas las cosas terribles que han dicho de usted o le han hecho? Este hábito puede destruirlo. ¡Perdone y olvide! Deje que la Palabra de Dios lo limpie todo.

En segundo lugar, muchos creyentes tienen el hábito de incubar los huevos de culebra del temor paralizador, que trae tormento, confusión y ansiedad. Hay demasiadas clases de temores para nombrarlos, pero todos los pensamientos de temor son fatales si no se les desecha y mata; ese tipo de semilla se convierte en el más venenoso de todos los huevos de serpiente. Por ejemplo, yo tuve un amigo perfeccionista que creció tratando de complacer a su padre sin lograrlo. En consecuencia, temía que nunca podría complacer a su jefe ni a su familia. Le aconsejaba a menudo, pero el temor al fracaso se había incubado en su mente, y no podía desprenderse de él. Se volvió de mal genio y amargado. El pensaba que era demasiado difícil complacer aun a Dios. Al fin, se disparó una escopeta en el estómago y acabó con su vida. Ahora su hijo es lo mismo.

Muchos casados se ven perseguidos por la idea de perder a sus cónyuges, pues se enteran de los divorcios de sus amigos, aun de pastores. Viven con el temor constante de "¿seré yo el próximo?" Los padres temen que las drogas les quiten a sus hijos. Ven que esta generación va camino al infierno y se preguntan: "¿Cómo puedo evitarle esta confusión a mis hijos? ¿Los infectarán de humanismo las escuelas? ¿Descubriré algún día que mis hijos se han enfriado espiritualmente y están amargados con Dios?" Otros temen por sus empleos o por la economía. Se preguntan si todo se va a ir abajo y, en tal caso, ¿qué harán y cómo vivirán, pagarán las cuentas y conseguirán la comida? Muchos temen que nunca hallarán su lugar en la vida. "¿Tendrá importancia mi vida? ¿Seré útil? Me estoy volviendo viejo y no progreso. Otros me pasan; ¿adónde voy? ¿Cuál será mi futuro?" Muchos tienen el temor de una enfermedad fatal, como el SIDA o el cáncer. Cada vez que sienten una hinchazón, piensan: "¡Es cáncer!" Otros piensan: "¿Qué si me pongo viejo y enfermo sin tener a nadie que me ame y se interese por mí?"

Muchos creyentes se sientan sobre una nidada de temores. Deben acabar con esa costumbre de alimentar pensamientos de temor antes que este los destruya, envenene y deje inútiles e inválidos. Olvidemos todas las fórmulas para vencer el temor; la Biblia no tiene programas en etapas para dominar el miedo. Sin embargo, Dios nos dice qué hacer cuando los pensamientos de temor invaden la mente. Estamos en lucha espiritual en este asunto; no es juego de niños, sino un asunto de vida o muerte.

Dios le dijo a Moisés que no enviara a los temerosos a la batalla: "¿Quién es hombre medroso y pusilánime? Vaya, y vuélvase a su casa, y no apoque el corazón de sus hermanos, como el corazón suyo" (Deuteronomio 20:8). Dios considera que los pensamientos de temor son muy contagiosos y destructores. Los medrosos y pusilánimes no creían en la Palabra de Dios; dudaban de sus promesas de liberación. Dios había dicho: "Os juntáis hoy en batalla contra vuestros enemigos; no desmaye vuestro corazón, no temáis, ni os azoréis, ni tampoco os desalentéis delante de ellos; porque Jehová vuestro Dios va con vosotros, para pelear por vosotros contra vuestros enemigos, para salvaros" (Deuteronomio 20:3, 4). Dios preparó a su pueblo, y le advirtió que las cosas parecerían aterradoras y desesperadas, pero "si vieres caballos y carros, y un pueblo más grande que tú, no tengas temor de ellos, porque Jehová tu Dios está contigo" (Deuteronomio 20:1).

¿Le ha fallado Dios a usted jamás? ¿Les faltó a sus padres a través de las calamidades económicas? ¿Sacó a los que confiaban en El por un desierto? La siguiente es la respuesta de Dios a todos los temerosos: "Cuando la situación parezca desesperada, y te veas agobiado, sin salida ni señal de ayuda, no temas porque Yo soy Dios y estoy contigo para salvarte." Dice el Salmista: "Porque él me esconderá en su tabernáculo en el día del mal; me ocultará en lo reservado de su morada; sobre una roca me pondrá en alto" (Salmo 27:5). ¿Está Dios con nosotros o no? ¿Es El un Padre celestial amoroso que conoce hasta el número de los cabellos de nuestra cabeza? ¿Abandonará El a sus hijos amados? La pecaminosidad del temor es que acusa a Dios de abandono. Nos quita la confianza en su cuidado e interés amorosos. ¡Deseche usted el miedo y ponga en cautividad todo pensamiento de temor en obediencia al Señor Jesús!

Los pensamientos de lujuria

Finalmente, hay pensamientos que llevan al acto sensual de fornicación. Los fármaco-dependientes o drogadictos testifican que pueden vencer con facilidad su hábito físico, pero no el mental, pues su mente sigue repitiendo pensamientos viejos o de serpientes. Tuve un amigo y empleado que era un padre y esposo cariñoso y amable. Había comenzado a fumar mariguana a los siete años de edad en el garaje de su padre; fue adicto durante más de 25 años. Fue salvo, pero siguió cayendo en el vicio una y otra vez. Excusaba su vicio diciendo que el médico le había dicho que la mariguana le quitaría el asma. Se arrepintió docenas de veces; lloraba y pedía misericordia. Fue a un programa especial que le sirvió por un año, pero la mariguana siempre estaba presente en su mente. Volvió a su casa, inició a sus dos hijos en el vicio, y dejó a su esposa. Hoy en día tiene el corazón endurecido y está perdido porque incubó huevos de serpiente. Su mente nunca fue limpiada. El vio al enemigo y se dio por vencido. Vio los carros de hierro de Satanás y dijo: "¡Nunca lo lograré!" Se rindió por miedo.

¿Por qué muchos que han sido liberados vuelven a sus hábitos viejos? ¿Por qué no se rompe la cadena del pecado? Porque cuando los espíritus mentirosos plantan pensamientos malos después, la persona afectada no los desecha inmediatamente. Deje que un solo pensamiento carnal se quede en la mente aunque sea por treinta segundos, y se arraigará.

Pronto se convierte en huevo, con una serpiente en espera de la incubación. Por eso la Palabra de Dios dice a gritos: "¡Desecha el mal pensamiento!" No coquetee con esa idea; no ceda ni un centímetro. Corra al Señor y a su Palabra; clame por la limpieza de la mente. Deje que el temor de Dios saque todo pensamiento malo. Sepa con seguridad que si se abriga el pensamiento, si se concibe y se convierte en huevo, incubará y la mente quedará mordida y envenenada.

Tan pronto como aparezca en la mente un pensamiento malo, el creyente en Cristo debe decir: "Esto me puede matar. Esto me destruirá, pues es letal. Podría perder la vida y el alma si le coqueteo." El creyente debe pensar: "Este pensamiento no es mío, ni es natural, pues no es mi carne; no es sólo un deseo viejo que vuelve. Este es el propio Satanás. Este es un espíritu mentiroso del infierno, enviado a engañarme y destruirme." La Biblia promete: "Resistid al diablo y él huirá de vosotros." Debemos resistirle en la mente resistiendo al primer pensamiento de maldad.

Las consecuencias terribles de la incubación de huevos de serpiente

Dios revela con claridad lo que les ocurre a las personas gobernadas por pensamientos malos. Primero que todo: "Sus pies corren al mal, se apresuran para derramar la sangre inocente; sus pensamientos, pensamientos de iniquidad; destrucción y quebrantamiento hay en sus caminos" (Isaías 59:7). Isaías se dirigía a un pueblo que había sido libre, pues se había arrepentido de la maldad. Se habían regocijado en la victoria y la libertad recién halladas, pero cuando

Satanás volvió y dejó caer el pensamiento de la semilla del mal, ellos no lo desecharon y entonces surgió la serpiente. Nada puede detener ya a esas personas; ni amigo, argumento, Biblia o profeta, pues están decididos a hacer el mal, y corren hacia la maldad. La ruina y la destrucción están en su camino. Todos los inocentes resultan lastimados.

Por ejemplo, conocí a una mujer que estaba enferma de cáncer de la garganta en un hospital de Houston; le habían sacado una parte de la garganta, dejándole un pequeño orificio a través del cual respiraba. En camino a la sala de cirugía para otra operación, pidió un cigarrillo y aspiró el humo por el orificio. No hay poder humano que pueda detener a las personas que van en camino al deleite de sus apetitos carnales. La esposa de un pastor de Illinois huyó recientemente con un criminal joven, dejando dos hijos llorando y un esposo con el corazón quebrantado. No obstante, esos niños con el rostro bañado en lágrimas no pudieron detenerla. Ella corría hacia su lujuria.

En segundo lugar, las personas gobernadas por los pensamientos malos pierde toda la paz y el discernimiento. "No conocieron camino de paz, ni hay justicia en sus caminos; sus veredas son torcidas; cualquiera que por ellas fuere, no conocerá paz" (Isaías 59:8). Se vuelven las personas más miserables de la tierra. Ya nada les satisface. ¿Por qué? Porque tienen experiencia, pues ya saborearon la dulce paz. Sin embargo, ahora están torcidos y todo en su vida es una locura. Nada es correcto. Sus empleos son agrios. Hay mucho desorden en su vida hogareña. Les roban la paz a sus seres queridos. "Cualquiera que por ellas fuere, no conocerá paz." ¡Advertencia! Nunca marche con un esposo o esposa cuyos pies vayan ahora camino del mal. No ceda, pues le costará todo al cónyuge justo. Permanezca firme para que el otro sea convencido de pecado.

Tercero, la mente gobernada por pensamientos de maldad al fin queda ciega y llena de tinieblas horribles. "Por esto se alejó de nosotros la justicia, y no nos alcanzó la rectitud; esperamos luz, y he aquí tinieblas; resplandores, y andamos en oscuridad. Palpamos la pared como ciegos, y andamos a tientas como sin ojos; tropezamos a mediodía como de noche; estamos en lugares oscuros como muertos" (Isaías 59:9, 10). Los corazones más fríos y duros del mundo pertenecen a los que una vez fueron amables, sinceros y felices en su conocimiento del Señor. Ahora, por lo que les hizo el pecado, no quieren saber de Jesucristo y le son extraños. Así es uno que fue evangelista de sanidad y que en otros tiempos predicaba a millares. Recientemente lo vi en mi oficina, mirando al vacío con una expresión lejana y desolada en los ojos. Conozco también a otro evangelista que perdió su ministerio debido a una acusación de homosexualidad. Ahora parece un muerto en vida; cuando uno le habla es como si nadie estuviera ahí. Esas personas sabían que estaban equivocadas, pero siguieron hundiéndose cada vez más en el pecado y pisoteando la verdad hasta enterrarla.

Cuarto, ellos desarrollan personalidades variables como la del hombre-lobo. "Gruñimos como osos todos nosotros, y gemimos lastimeramente como palomas. . ." (Isaías 59:11). En un momento están listos a despedazar al amigo o al enemigo; son crueles, violentos e iracundos. A la hora siguiente, gritan: "¡Lo siento, no fue mi intención; ayúdame, por favor!" El pueblo de Israel, habiendo incubado huevos de serpiente, se volvió como un oso enojado y una paloma quejumbrosa respecto a Dios y entre sí. Pasaban de ataques violentos de enojo a la tristeza sentimental. Hay esposas que toleran a los esposos que las golpean porque a veces ellos son amables y gentiles, pero Dios no soportará esos temperamentos variables. Esos cambios bruscos de actitud indican que hay un veneno satánico haciendo efecto. El Espíritu de Cristo es siempre gentil, amoroso, amable y humilde. Nunca es violento, ni gruñe como un oso.

Hay promesas irrefutables de Dios, afirmaciones absolutas de que ningún pensamiento malo tiene por qué concebir en un creyente en Cristo ni convertirse en serpiente. "Tú guardarás en completa paz a aquel cuyo pensamiento en ti persevera; porque en ti ha confiado" (Isaías 26:3). "Transformaos por medio de la renovación de vuestro entendimiento. . ." (Romanos 12:2). "Por tanto, ceñid los lomos de vuestro entendimiento. . ." (1 Pedro 1:13). "Alzaré mis ojos a los montes; ¿de dónde vendrá mi socorro?. . . No dará tu pie al resbaladero, ni se dormirá el que te guarda. . . Jehová es tu guardador. . . Jehová te guardará de todo mal; el guardará tu alma. Jehová guardará tu salida y tu entrada desde ahora y para siempre" (Salmo 121:1-8).

13

La vida fructífera

Hay una parte de las Sagradas Escrituras que me hace sentir profundamente culpable. Comprende una responsabilidad grande y terrible que ningún discípulo verdadero de Jesucristo puede pasar por alto. Jesús dijo: "Yo soy la vid verdadera, y mi Padre es el labrador. Todo pámpano que en mí no lleva fruto, lo quitará; y todo aquel que lleva fruto, lo limpiará, para que lleve más fruto... El que en mí no permanece, será echado fuera como pámpano, y se secará; y los recogen, y los echan en el fuego, y arden" (Juan 15:1, 2, 6).

He leído y releído estas poderosas palabras de Cristo, y no puedo escapar a su poder de convicción. ¡Qué encargo tan solemne, junto con una advertencia terrible dada aquí por nuestro Señor. El Espíritu Santo me ha persuadido de la importancia del entendimiento de estas palabras de Jesucristo: "Mi Padre es el labrador. Todo pámpano que en mí no lleva fruto, lo quitará."

El asunto de los creyentes fructíferos no es opcional para Dios. El vigila su viña y todas las ramas injertadas en ella con celo e interés. Espera con paciencia a que los pámpanos fructifiquen. Está en pie junto a ella con la podadora en la mano, mirando amoroso si aparece la más ligera señal de corrupción, plaga o enfermedad que pudiera impedir el crecimiento. Dios espera fruto de cada pámpano. Sin fruto es imposible honrar y glorificar a Dios, o ser un verdadero discípulo de Cristo. Jesús dijo: "En esto es glorificado mi Padre, en que llevéis mucho fruto, y seáis así mis discípulos" (Juan 15:8).

La vida fructífera tiene mucho que ver con agradar a Dios, el cumplimiento de nuestra misión en Cristo y la respuesta a nuestras oraciones y peticiones. Jesús dijo: "No me elegisteis vosotros a mí, sino que yo os elegí a vosotros, y os he puesto para que vayáis y llevéis fruto, y vuestro fruto permanezca; para que todo lo que pidiereis al Padre en mi nombre, él os lo dé" (versículo 16).

Fruto o fuego

Aunque parezca duro o poco amable para algunos, la verdad del mensaje es: ¡si no lleva fruto será echado al fuego, cortado de la viña o quitado para que se seque y muera!

Los maestros de la falsa seguridad pueden tratar de explicar las advertencias agudas que Cristo nos da aquí; pero yo no quiero cambiar ni una sola palabra de lo que El afirmó con claridad. No hay escape posible de la advertencia del Señor: "Todo pámpano que en mí no lleva fruto, lo quitará." Algunos tratan de ablandar este mensaje grave con la sugerencia: "Pues, si son cortados de la viña, no estaban conectados a ella. Fingían estar en Cristo." Sin embargo, Jesús habla de "todo pámpano que en mí. . ." Están conectados a la viña y participan de la vida que fluye por la viña.

No se toleran por mucho tiempo las ramas sin fruto o estériles. No se permite que permanezcan en la viña sin llevar fruto. El Padre celestial las corta, no el diablo. "Lo quitará... lo limpiará." Jesús vio una higuera estéril y la maldijo. "Y viendo una higuera cerca del camino, vino a ella, y no halló nada en ella, sino hojas solamente; y le dijo: Nunca jamás nazca de ti fruto. Y luego se secó la higuera" (Mateo 21:19). Jesús vio lo que los ojos humanos no podían ver: La plaga cancerosa más allá de las hojas, la enfermedad más profunda que la cáscara y el poder de la muerte que se extendía por ella. El no maldijo la vida menguante de ese arbusto, sino la muerte que estaba obrando en él.

Esto debería ser mucho más que un mensaje simbólico dado a Israel; es una advertencia a todo creyente de cualquier época de la Iglesia. Jesucristo dijo que El hacía sólo lo que veía hacer al Padre; e hizo sólo la voluntad de su Padre. Su Padre vio que la higuera ya no se podía salvar ni con la poda, pues la corrupción y la muerte la dominaban. Sus ramas estaban destinadas a morir secas, y acabar en el fuego. Una vez más nuestro Señor nos muestra la seriedad de la vida fructífera. Jesús buscaba fruto. Así es aun ahora, cuando nuestro Señor viene a nosotros cada día y pregunta: "¿Dónde está el fruto del Padre? ¿Dónde está el mucho fruto que deben llevar para la gloria de El?"

Al considerar la seriedad de la vida fructífera, le dije al Espíritu Santo: Si el llevar fruto es sinónimo del discipulado verdadero, si da gloria a Dios y cuando es mucho el fruto aun mayor gloria; si la esterilidad y falta de fruto hacen que la podadora del labrador venga sobre mí; si el no llevar fruto tiene como consecuencia que me separen, me echen como rama y me dejen seco y muerto espiritualmente, entonces quiero saber en qué consiste el fruto, hacer todos los cambios necesarios en mi vida para producirlo, quitar todos los impedimentos y que el Espíritu Santo limpie todos los indicios de plaga, apatía y corrupción espirituales que hayan en mí.

¿Motivado por temor o amor?

¿Me mueve el temor, y las palabras de Jesucristo ponen terror en mí? Mi respuesta es que me mueven tanto el temor de la Palabra de Dios como su subyugante amor por mí.

Si conozco mi corazón, sé que quiero llevar mucho fruto para mi Padre celestial, porque así El es glorificado, y mi corazón anhela agradarle. Quiero saber que el fruto que El quiere surge en mí; quiero llevarle gozo y alegría, y glorificar al Padre de veras.

Sin embargo, también tengo en mí el sobrecogimiento y el temor de un Dios santo, un Padre que no tolerará la hipocresía o la farsa sin juzgarlas. Algunos piensan que el temor de Dios es nada más que una fuente de terror y maravilla. Es mucho más. Isaías tuvo una visión de la indescriptible santidad de Dios. Los postes de la puerta del templo se movían con el sonido de su voz majestuosa. Los serafines no podían mirar su gloria aterradora; se cubrían los ojos con las alas. Estar en la presencia de su santidad maravillosa subyugó a Isaías. El clamó: "¡Ay de mí! que soy muerto" (Isaías 6:3-6).

¿Salió Isaías de esa experiencia sólo con una impresión de terror? ¡No, mucho más! Desde aquel día tuvo temor y sobrecogimiento de sus juicios justos y santos. De los hombres dijo Isaías: "Ni temáis lo que ellos temen, ni tengáis miedo" (Isaías 8:12), pero de Dios dijo: "A Jehová de los ejércitos, a él santificad; sea él vuestro temor, y él sea vuestro miedo" (Isaías 8:13). También dijo: "Oíd palabra de Jehová, vosotros los que tembláis a su palabra. . ." (Isaías 66:5). También proclamó estas palabras del Señor: "Miraré a aquel que es pobre y humilde de espíritu, y que tiembla a mi palabra" (Isaías 66:2).

Cuando Dios apareció en la zarza ardiente "Moisés, temblando, no se atrevía a mirar" (Hechos 7:32). La palabra hebrea que se usa aquí sugiere que ¡se sacudía de terror!

Jacob tuvo un sueño en el cual aparecía una escalera que llegaba al cielo y los ángeles de Dios ascendían y descendían por ella. Vio al Señor encima de todo y oyó que hacía grandes promesas. Al despertar sus primeras palabras fueron: "Ciertamente Jehová está en este lugar, y yo no lo sabía. Y tuvo miedo, y dijo: ¡Cuán terrible es este lugar! No es otra cosa que casa de Dios, y puerta del cielo" (Génesis 28:16, 17).

Daniel oraba mucho. Conocía muy bien a Dios, y se le mostraron secretos del cielo. Dijo: "Y volví mi rostro a Dios el Señor, buscándole en oración y ruego, en ayuno, cilicio y ceniza" (Daniel 9:3). Esta es la descripción que Daniel hace de Dios: "Y oré a Jehová mi Dios e hice confesión diciendo: Ahora, Señor, Dios grande, digno de ser temido. . ." (Daniel 9:4).

David dijo: "Jehová reina; temblarán los pueblos. . . Alaben tu nombre grande y temible; él es santo" (Salmo 99:1, 3).

He puesto énfasis en el miedo y el temor de Dios y el temblar a su Palabra porque eso es lo que falta en la Iglesia de estos postreros días. Si temblamos a su Palabra, si tememos de veras sus justos juicios y si creyéramos que Jesucristo significó exactamente lo que dijo, no podríamos pasar por alto este asunto de la vida fructífera. Con demasiada frecuencia esta generación percibe a Dios como un abuelito cariñoso e indulgente cuya única razón de ser es mimarlos y

bendecirlos. Lo consideran como alguien que disi-
mula el pecado, espera nada más que sus mejores
esfuerzos, pasa por alto ciertos pecados y deja que
lo pasado se eche al olvido. ¡No existe un Dios así!
Dios es amante y misericordioso, amable y tierno,
pero también es santo; El visita la iniquidad con juicio; y si la Palabra dice que es un labrador con una
podadora para cortar, más vale que lo creamos.

¿Cuál fruto debe llevar la rama?

La respuesta se encuentra en Filipenses: "Llenos
de frutos de justicia que son por medio de Jesucristo,
para gloria y alabanza de Dios" (Filipenses 1:11).
Aquí Pablo ayuda a explicar el pasaje de Juan. Es
justicia lo que Dios busca en su pueblo. ¡La santidad
es el fruto que glorifica al Padre! Es muy diferente
de nuestra idea de lo fructífero. Se nos ha hecho creer
que el fruto es éxito, resultados buenos, más con-
versos, iglesias más grandes, progreso continuo en
las finanzas y prosperidad sin fin.

En realidad, el llevar fruto tiene que ver más con
el desarrollo del creyente en Jesucristo que simple-
mente con lo que hace. La Biblia enseña muy claro
que muchos tendrán grandes resultados y éxito al
expulsar demonios, sanar enfermos y hacer grandes
obras en su nombre, pero Dios ve eso como esterilidad y falta de fruto, cuando el pecado y el orgullo
reinan en el corazón.

Llevo fruto cuando no hay nada que impida el flujo
de la vida de Cristo dentro de mí. Eso quiso decir
Cristo cuando dijo: "Ya vosotros estáis limpios por
la palabra que os he hablado" (Juan 15:3). O sea:
"Como creyeron en mi palabra, temblaron ante ella,
sacando a luz todo lo oscuro y permitiendo que la

enemigos. Hay creyentes que no se hablan. Y hay quienes dicen: "No puedo perdonar lo dicho, ni recuperarme de eso." Todos han incubado huevos de serpiente, y las serpientes andan ahora sueltas por la mente, derramando amargura y veneno. ¿Se siente usted ofendido con facilidad? ¿Siente que hierve por dentro? ¿Se irrita, cavila y se queda despierto por la noche y arde de enojo al repasar cada palabra? Si es así, usted está en un lugar muy peligroso, pues se sienta sobre huevos de serpiente, concibiendo veneno y muerte. Más bien deje que Cristo aplaste la cabeza de la serpiente con un talón. Sufra la ofensa, tómela y soporte la injuria. Deseche el pensamiento de odio y venganza; sáquelo de su mente.

Piense en lo que Cristo sufrió: "Se levantan testigos malvados; de lo que no sé me preguntan; me devuelven mal por bien, para afligir a mi alma. Pero yo, cuando ellos enfermaron, me vestí de cilicio; afligí con ayuno mi alma, y mi oración se volvía a mi seno. Como por mi compañero, como por mi hermano andaba; como el que trae luto por madre, enlutado me humillaba. Pero ellos se alegraron en mi adversidad, y se juntaron; se juntaron contra mí gentes despreciables, y yo no lo entendía; me despedazaban sin descanso; como lisonjeros, escarnecedores y truhanes, crujieron contra mí sus dientes" (Salmo 35:11-16). Y también: "Mis enemigos dicen mal de mí, preguntando: ¿Cuándo morirá, y perecerá su nombre? Y si vienen a verme, hablan mentira; su corazón recoge para sí iniquidad, y al salir fuera la divulgan. Reunidos murmuran contra mí todos los que me aborrecen; contra mí piensan mal, diciendo de mí: Cosa pestilencial se ha apoderado de él; y el que cayó en cama no volverá a levantarse. Aun el hombre de mi paz, en quien yo confiaba, el que de

Palabra de Dios los limpie, ¡todos los impedimentos han desaparecido!"

Por eso no tendré televisor en mi casa. No porque sea meritorio desprenderse de él, ni porque su ausencia me haga más santo, sino porque es un impedimento al flujo de vida de Cristo que es la vid. Es una plaga, una semilla de cáncer que podría traerme la muerte espiritual y volverme infructuoso. Por la misma razón no quiero deleitarme en la bebida, el teatro y en la asistencia a clubes o salas de baile, ni en hacer nada que sea del espíritu de este mundo. Porque todas esas cosas impiden el crecimiento espiritual. Traen la muerte y son peligrosas porque podrían costarme la capacidad para llevar fruto de justicia.

Alguien dirá: "Con esa abstinencia y separación, ¿no trata usted de justificarse? ¿No viene toda la justificación de parte de Cristo? ¿No son todas nuestras obras como trapos de inmundicia? ¿Por qué es tan fanático al dejar tantas cosas? ¿Por qué no confía solamente en Dios, pone su fe en la justicia de Cristo y es libre en El?" Es verdad que "como el pámpano no puede llevar fruto por sí mismo, si no permanece en la vid, así tampoco vosotros, si no permanecéis en mí. . . porque separados de mí nada podéis hacer" (Juan 15:4, 5). ¡Pero todavía queda mucho más!

La verdad sobre la permanencia en Cristo

Muchísimos pastores les mienten a sus congregaciones sobre lo que significa "permanecer en Cristo". Hay millones que van al infierno creyendo que están en Cristo y permaneciendo por fe. Se habla mucho de la fe, pero poco del fruto. En consecuencia, muchos creyentes están convencidos de que si están una vez en la vid, siempre estarán en ella. Creen que no importa cuán atorada y enferma esté la rama, la vida de Cristo todavía fluye por ellos y que llevan un fruto precioso para la gloria de Dios.

¡Eso es imposible! Oigamos lo que dice Cristo: "Si guardareis mis mandamientos, permaneceréis en mi amor; así como yo he guardado los mandamientos de mi Padre, y permanezco en su amor" (Juan 15:10). Jesucristo obedeció fielmente todos los mandamientos de su Padre. A eso llamó "permanecer" y lo relacionó con la obediencia.

Es sorprendente que los creyentes de la actualidad piensen que pueden escoger y decidir cuáles mandamientos de Cristo quieren obedecer. Si no les gusta lo que se manda, lo ignoran o explican su desobediencia así: "No lo veo de esa manera; no lo creo así." Si el Espíritu mueve a un pastor a presentar el llamado de Dios a la santidad, la separación y la abnegación, y a los feligreses no les gusta, se van en busca de otro pastor que predique lo positivo. Por eso la terrible plaga de la apatía barre con la religión hoy en día. Hemos tenido tanto miedo de las obras y estado tan preocupados por el legalismo que le hemos dado mala fama a la obediencia. *La Iglesia ha llegado al cenit de la apostasía cuando llama legalismo a la obediencia.*

¿Cómo es posible que no permanezca una rama que está en El? Jesús dijo: "El que en mí no permanece, será echado fuera como pámpano, y se secará; y los recogen, y los echan en el fuego, y arden" (Juan 15:6). ¿Puede ser más claro? La permanencia incluye el reposo y la responsabilidad. Es posible estar en El, conectado a la vid, y no permanecer, no tener un flujo de vida para llevar fruto. La permanencia tiene que ver con la obediencia absoluta a los mandamientos de Cristo porque cada rama tiene libre arbitrio, ¡tiene una fuerza viva en ella! La rama no es pasiva; debe sacar la vida de la vid. "Si permanecéis en mí, y mis palabras permanecen en vosotros. . ." (versículo 7). Entonces resulta que la Palabra es la podadora del Padre. ¿Cómo puede una rama llevar fruto si se ignora, desconoce o abandona la Palabra del Señor?

Vemos el fruto de la sequedad que surge por toda la viña del Señor: La música de demonios, el adulterio, la fornicación, la bebida y las drogas, porque la poda se ha detenido para muchos. La Palabra de Dios es su podadora, una espada de dos filos. La mayoría de los cristianos contemporáneos no leen, ni conocen, ni piensan leer la Palabra de Dios. Tienen horas y horas para sentarse frente al televisor y beber los residuos de la inmundicia, pero no tienen tiempo ni deseo de que la Palabra los examine y saque a la luz.

Es imposible llevar el fruto de justicia si su Palabra no permanece en uno. El abandono de la Palabra causa la esterilidad espiritual y trae una sequedad terrible al pueblo de Dios.

El creyente que permanece es el que ama y teme a Dios, que tiene miedo de sus juicios justos, que desea la Palabra y tiembla ante su poder de convicción. Es el que se deleita en que la Palabra pode todos los impedimentos, que ora que la vida y semejanza de Cristo sigan aumentando en él y que es cada vez más maduro en la obediencia y el amor.

Las consecuencias horribles de ser cortado de la vid

Toda rama lleva ramas más pequeñas, otros retoños; y estos a su vez llevan la semilla de ramas que se siguen extendiendo. Por ejemplo, los esposos y esposas son una rama, porque está escrito: "Los dos serán uno." Lo que me pase en lo espiritual afecta a mi esposa, mis cuatro hijos, sus compañeras y mis nietos. Yo soy la rama que lleva el peso, y si no hay impedimentos en mí, la vida puede fluir libre a todas las ramas y a cada retoñito. ¡La vida produce más vida!

Si abandono la Palabra de Dios y desobedezco al Señor en mi andar diario, me secaré. Comenzaré a marchitarme; pasaré del estado de poda al de corte. Mi aislamiento espiritual de Dios puede extender la muerte por todas las ramas de mi familia. ¡La muerte produce más muerte! La corrupción y la enfermedad espirituales en mí pueden propagarse como cáncer a través de la vida espiritual de todos los que estén conectados a mí.

Es trágico, pero la misma cosa pasa a diario a nuestro alrededor. Un pastor pasa por su crisis de mediana edad y busca el apoyo de alguien que no es su esposa. Comete adulterio y se va con otra mujer. Destruye el respeto que su amante esposa le tenía. La amargura se apodera de ella que se vuelve fría en lo espiritual e indiferente con Dios. Dos adolescentes que creían que su padre era el hombre más piadoso del mundo se vuelven en su desesperación a los amigos impíos. La muerte espiritual del papá ha extendido su poder maligno a toda la familia. La congregación lo despide y procede a bajar su guardia espiritual. Comienzan a dudar en la Palabra; sospechan de otros pastores y ya no aceptan la exhortación piadosa. No sólo el pastor ha sido cortado del flujo de la vida de Cristo, de la vid, sino que ha perturbado ese flujo de vida que antes fluía tan libre a todos los que estaban conectados a él. Ahora es un ministro de muerte. Es estéril y su vida ya no le da alabanza y gloria al Padre. A cualquier parte que se dirija, encuentra muerte y descomposición. Tal vez se arrepienta y sea restaurado, pero no puede reclamar todas las otras ramitas preciosas que destruyó.

Una madre se sienta delante de su ídolo, el televisor, tomando en horas de borrachera diabólica. Sus hijos y su esposo nunca la ven leyendo la Palabra de Dios. Nunca se le oye llorar, orar ni dar señales en el hogar de que sea una sierva del Señor. Se vuelve tan seca, que vive en un mundo de fantasía. A menudo pierde el control de su temperamento y arguye. En secreto, anhela salir de su matrimonio y alejarse de todas las responsabilidades. Se está muriendo en lo espiritual. El esposo debe echarla y entregarla a su idolatría. No hay fruto, sino una esterilidad vacía; ¡no hay semejanza con Cristo! Ella está destruyendo su hogar porque es una agente de muerte. No tiene flujo de vida divina. Ella ha atascado tanto todas las avenidas de vida que le es imposible ser fructífera. Sus hijos se vuelven como ella, espiritualmente muertos. Su esposo no puede recibir fortaleza espiritual de ella. Ella se está secando en la vid y debe ser echada. Todavía puede arrepentirse y ser restaurada, pero no puede frenar el espíritu de muerte que esparció por su hogar. Tal vez algún día llore por esas almas perdidas, y clame por el mal ejemplo del pasado, pero no puede deshacer todo el daño.

Todo creyente que de veras ame al Señor debe detenerse y dejar que este mensaje le penetre profundamente. Mientras más fruto de santidad se manifieste en nosotros, más plenitud de Cristo se revele en nosotros y de más mentalidad celestial nos volvamos, tanta más vida de Cristo tocará a todos los que estén conectados a nosotros.

Una vez vi un bosque entero de árboles infestados de gusanos, amarillentos y enfermos. Sin embargo, intercalados en medio de esa mortandad, vi árboles verdes y saludables. ¿Qué mantenía a algunos verdes, mientras los marchitos los rodeaban? ¡Era una provisión abundante de vida! La vida vencía la muerte. El poder de la vida rechazaba a todo gusano que atacara una hoja. No había ninguna señal de muerte en los árboles verdes; no había lugar para que se pegara la enfermedad.

Así quiero ser; verde, lleno de su fruto de vida; un canal de vida para todo lo que alcance mi círculo de ministerio e influencia. La Palabra dice: "Para que. . . vuestro fruto permanezca." Eso significa que uno puede seguir produciendo fruto siempre; puede permanecer en el flujo de vida de Cristo, ¡sin impedimentos! Eso significa que todos los que estén con uno seguirán creciendo en Cristo.

14

Un llamado a la tristeza

Estoy convencido de que la única manera de conocer la plenitud del gozo de Jehová es participar de su tristeza. Dios se entristece por el pecado, y los que de veras andan con El entran en su tristeza.

En los días de Noé: "Vio Jehová que la maldad de los hombres era mucha en la tierra, y que todo designio de los pensamientos del corazón de ellos era de continuo solamente el mal. Y se arrepintió Jehová de haber hecho hombre en la tierra, y le dolió en su corazón" (Génesis 6:5, 6).

La palabra hebrea que se usa aquí significa: "cortar hasta el corazón". También significa "lastimadura, dolor". La maldad de la humanidad lastimaba profundamente a Dios y le causaba mucho dolor en el corazón.

Isaías dijo de Cristo: "Varón de dolores, experimentado en quebranto" (Isaías 53:3). "Ciertamente llevó él nuestras enfermedades, y sufrió nuestros dolores" (Isaías 53:4). El pecado de la humanidad causó esos dolores. Jesucristo entró hasta la propia herida y el dolor del Padre celestial.

**Los siervos de Dios
del Antiguo y el Nuevo Testamento
compartieron esa tristeza por el pecado.**

David fue un hombre de Dios que descubrió la gloria del gozo en Jehová, pero ese gozo había nacido

184 Exhortación a la Iglesia

de una gran tristeza por las transgresiones entre el pueblo del Señor. El dijo: "Veía a los prevaricadores, y me disgustaba, porque no guardaban tus palabras" (Salmo 119:158). "¿No odio, oh Jehová, a los que te aborrecen, y me enardezco contra tus enemigos?" (Salmo 139:21). David odiaba lo que Dios odiaba; y se entristecía por lo que entristecía a Dios, y detestaba lo que Dios detestaba.

El profeta Amós clama contra "los reposados en Sion. . . y no se afligen por el quebrantamiento de José" (Amós 6:1, 6). El compartía la tristeza de Dios por un pueblo descarriado que se deleitaba en el reposo y la prosperidad, sin pensar en la hora de juicio inminente, mientras dormían en camas de marfil (materialismo), cantando su música, bebiendo vino, pero sin tener tristeza por la ruina que los circundaba. (Véase Amós 6:1-6.)

Amós usó la palabra "afligen". Como si dijera: "El pecado y la ruina entre el pueblo de Dios no los afligen a ustedes. No les disgustan porque el pecado y la buena vida que disfrutan ahora los han enceguecido."

Nehemías se entristecía porque entendía el mal que se había infiltrado en la casa de Dios. Un sacerdocio descarriado había traído a la casa del Señor una transigencia terrible, y sólo Nehemías entendía la profundidad de la iniquidad y las terribles consecuencias que le acarrearía al pueblo. (Véase Nehemías 13:19.) El sumo sacerdote Eliasib, cuyo nombre hebreo sugiere "unidad por la transigencia", había establecido una residencia en el templo para Tobías, un príncipe amonita. Por ley, no se permitía a ningún amonita que pusiera pie en el templo, pero a Tobías, cuyo nombre significa "prosperidad, placer, buena vida", se le permitió vivir allí; un gentil metido en la casa de Dios.

Había ahora algo nuevo en la casa de Dios. Un ministerio corrompido aliado con el paganismo. El pueblo de Dios anhelaba la prosperidad y la buena vida; y Tobías estaba listo y dispuesto a enseñarles la senda materialista de la idolatría. "El sacerdote Eliasib, siendo jefe de la cámara de la casa de nuestro Dios, había emparentado con Tobías" (Nehemías 13:4).

Nehemías entendía el mal que abundaba patrocinado por un sacerdocio blando en sus ataques contra el pecado. "Pedí permiso al rey para volver a Jerusalén; y entonces supe del mal que había hecho Eliasib por consideración a Tobías, haciendo para él una cámara en los atrios de la casa de Dios. Y me dolió en gran manera; y arrojé todos los muebles de la casa de Tobías fuera de la cámara, y dije que limpiasen las cámaras, e hice volver allí los utensilios de la casa de Dios" (Nehemías 13:6-9).

¡Nehemías no actuaba por impulso ni tradición legalista! Veía con los ojos de Dios, sintiendo como Dios sentía y entendía el mal de la mezcla, de la transigencia y del crecimiento canceroso de pecado en la casa de Dios.

Si más pastores entendieran el mal de la mezcla de la música, la invasión de la diversión, la codicia por el materialismo que existen ahora en la Iglesia, como Nehemías se dolerían por eso y lo sacarían de la Iglesia otra vez. ¡Dios, danos un grupo de predicadores y feligreses que se aflijan por el pecado y la mezcla de paganismo y cristianismo, y que tomen una posición firme contra ella. Dios, danos creyentes con suficiente discernimiento para comprender la profundidad y el horror de las transigencias y pecaminosidad que invaden la casa del Señor!

Pablo se entristecía porque el pueblo de Dios se descarriaba. El advirtió: "Porque por ahí andan muchos, de los cuales os dije muchas veces, y aun ahora lo digo llorando, que son enemigos de la cruz de Cristo; el fin de los cuales será perdición, cuyo dios es el vientre, y cuya gloria es su vergüenza; que sólo piensan en lo terrenal" (Filipenses 3:18, 19). La palabra griega para "llorando" significa aquí "el suspiro en voz alta y penetrante salido de un corazón quebrantado". El ver a los creyentes volverse a las cosas terrenales, rechazando el reproche de la cruz, quebrantaba el corazón de Pablo a tal punto que se estremecía con la tristeza de Dios. No era una desesperación silenciosa ni un suspiro de resignación por el descarriado, sino un grito alto, penetrante y conmovedor de un hombre al entrar en la tristeza de Dios por sus hijos descarriados.

El ministerio de la tristeza

Samuel fue un joven llamado al "ministerio de la tristeza". No la suya, ni la de la humanidad, sino la tristeza profunda e insondable de Dios. Dios estaba muy afligido por la caída de su pueblo, y no había quien se condoliera. Dios estaba a punto de quitar su gloria de su casa de Silo, y los que ministraban en su altar no lo sabían. ¡Qué triste es ser tan sordo, ciego y mudo precisamente a la hora del juicio!

Israel estaba corrompido; el sacerdocio era adúltero y el ministerio organizado y establecido estaba completamente ciego. Elí representa el sistema religioso en decadencia con todos sus intereses egoístas, ablandado por la vida fácil con sólo una muestra de aborrecimiento del pecado. Elí se había vuelto gordo y perezoso con respecto a lo profundo de Dios, dedicado sólo a la liturgia.

Sus hijos Ofni y Finees representan el ministerio

presente de la tradición. Esos dos sacerdotes jóvenes nunca tuvieron un encuentro con Dios. No sabían lo que era "oír del cielo". Ni tampoco el deseo ardiente de encontrar a Dios y conocer la gloria y la presencia del Señor; no sabían nada de la tristeza de Dios. Esta clase de personas no ayunan, ni oran. Buscan las mejores posiciones ministeriales, con los mayores beneficios y las mejores oportunidades de promoción. Nunca se les ha quebrantado el corazón por la humanidad perdida; saben poco del sufrimiento. Son el producto de un ritualismo muerto y frío. ¡No tienen la frescura de Dios! Dicen las cosas rectas y novedosas, y hablan y actúan como profesionales; pero no tienen la santa unción ni conocen el temor y el miedo reverente de un Dios santo.

Así que, como los hijos de Elí, se vuelven sensuales, mundanos y egocéntricos. Los hijos de Elí se corrompieron tanto que Dios los llamó "los hijos de Belial" (Satanás). Se dijo de ellos que "no tenían conocimiento de Jehová. . . engordándoos de lo principal de todas las ofrendas de mi pueblo Israel" (1 Samuel 2:12, 29). Por eso hay una multitud de jóvenes evangélicos que se vuelven fríos y sensuales, adictos a la música ruidosa y carnal, bebedores de cerveza, practicantes de relaciones sexuales ilícitas, aburridos e inquietos. Algunos pastores de jóvenes los condenan con su mal ejemplo y falta de discernimiento del Espíritu Santo. Si los líderes de la juventud no conocen al Señor, ¿cómo pueden ganar a los muchachos para Dios? Ahora nos enfrentamos a la tragedia de toda una generación descarriada porque tienen pocos pastores que les indican la manera de escapar de las trampas satánicas de esta época. Se ha tolerado mucho lo que satisface los deseos sensuales de la juventud.

Elí había perdido todo su discernimiento espiritual. Ana, una mujer piadosa, lloraba amargamente en la casa de Dios en Silo. Le rogaba al Señor que le diera un hijo e intercedía desde lo más profundo de su corazón. Ella es un tipo del remanente santo e intercesor que anhela y clama por un mensaje fresco de Dios. "Pero Ana hablaba en su corazón, y solamente se movían sus labios, y su voz no se oía; y Elí la tuvo por ebria" (1 Samuel 1:13).

¡Cuán ciego puede ser un pastor del Señor! Ella conversaba con Dios en el Espíritu, bajo la unción divina y pronta a convertirse en canal de renovación en Israel, y el hombre de Dios no pudo discernir la verdad. No comprendió en absoluto el significado de lo que ocurría en el altar. ¿Qué le había pasado a ese sacerdote del Dios altísimo, que debiera estar de pie en el umbral de un acto divino nuevo y profundo que afectaría el futuro de Israel, y está tan separado de Dios que lo confunde con algo carnal?

¿Cómo va a llegar Dios hasta el pueblo corrompido y descarriado de Israel? Dios está entristecido; quiere sacudir las cosas; ¡El está a punto de proceder con rapidez y enojo y vomitarlo todo de su boca! Sin embargo, Elí no lo sabe. Elí se ha vuelto tan indulgente, cómodo y saturado de la tradición fría, que no tiene ni la mínima sospecha de lo que Dios dice o está a punto de hacer. Se va a echar a sus hijos a un lado, a podarlos del servicio de Dios, pero están tan entregados a los placeres carnales, tan adictos a la mejor carne y tan endurecidos por el pecado que se han convertido en agentes de Satanás, ciegos ante el juicio inminente. ¡Dios debe buscar fuera de la estructura religiosa establecida a alguien bastante dispuesto a compartir su tristeza!

La Compañía de Samuel

El Señor siempre tiene su grupo de personas como Samuel que oyen su voz en tiempo de decadencia espiritual. La compañía está constituida por hombres y mujeres que no se preocupan de la tradición, la promoción ni las diferencias entre las denominaciones religiosas. Representan a pastores y laicos que están dispuestos a oír y pasan tiempo a solas con Dios.

Dios le envió un aviso a Elí con un profeta anónimo. Fue un flechazo directo al centro de un sistema religioso que se había vuelto protector de sí mismo. Elí había protegido a sus hijos descarriados. Dios le dijo en profecía: "Has honrado a tus hijos más que a mí, engordándoos de lo principal de todas las ofrendas de mi pueblo Israel" (1 Samuel 2:29).

Cuando Elí supo que sus hijos ostentaban su fornicación a la puerta de la congregación, todo lo que dijo fue: "No, hijos míos, porque no es buena fama la que yo oigo; pues hacéis pecar al pueblo de Jehová" (1 Samuel 2:24). Después Dios le dijo a Samuel que Él juzgaría la casa de Elí porque él conocía la iniquidad de ellos y no hizo nada para evitarla. "Y le mostraré que yo juzgaré su casa para siempre, por la iniquidad que él sabe; porque sus hijos han blasfemado a Dios, y él no los ha estorbado" (1 Samuel 3:13).

Hay un día de juicio señalado aquí en la tierra para los ministros del evangelio que conocen el pecado de la congregación o de su familia, y no quieren hacer nada al respecto. Tal vez regañen a los adúlteros, los bebedores y los fornicarios, pero no tienen un mensaje penetrante de reprobación. Temen disciplinar a sus hijos espirituales. En el juicio nuestro Señor les preguntará: "¿Por qué no le mostraron a la gente la diferencia entre lo santo y lo profano?"

¿Por qué fue Elí tan condescendiente con el pecado de sus hijos? Porque ellos robaban la mejor carne antes de que fuera a la olla hirviente; llevaban a casa esa carne roja y fresca y Elí ya estaba acostumbrado a ella. El sufriría si los trataba muy duro, pues tendría que volver a comer la carne cocida y húmeda. Había aprendido a cerrar los ojos ante todo el mal que lo rodeaba en la casa de Dios y en su propia familia.

Yo creo que por la misma razón hay predicadores blandos en su lucha contra el pecado. Los ha tranquilizado la buena vida. Disfrutan de la comodidad y el prestigio de las multitudes y de los edificios grandes. Es algo muy sutil. Aunque sabe que debe decir algo, el pastor se limita a decir: "¡No deberían hacer ustedes esas cosas malas!" Ningún trueno sagrado. Sin tristeza por el pecado y la transigencia. Está ausente la visión de Pablo de la pecaminosidad excesiva del pecado. No hay advertencias de retribución y juicio divinos. De lo contrario, la gente se ofendería, dejaría de asistir y de pagar las cuentas. Tal vez se detendría el crecimiento.

He predicado en iglesias como esas y ha sido una experiencia dolorosa. El pastor que, como Elí, ama usualmente el arca de Dios, no es malo, sino temeroso. Teme el movimiento del Espíritu Santo, teme ofender a la gente, da un servicio de labios solamente a la santidad y teme atacar el pecado con dureza.

Ocupo el púlpito de aquel hermano para anunciar la exigencia del Señor de santidad, la invitación al arrepentimiento, la advertencia del juicio sobre el pecado, y los transigentes se apresuran a pasar adelante, llorando, confesando y en busca de liberación. Miro al lado y veo a un pastor preocupado porque tal vez se pierda el control del servicio, se manifiesten las lágrimas sin control o alguien caiga al suelo dominado por la convicción de pecado y la tristeza. Está muerto de miedo de que su "gente nueva" no comprenda. Está ansioso de volver a tomar el control de la reunión para calmar las cosas. Murmura confirmaciones dulces de que Dios los ama a todos, les recuerda que ya se hace tarde y los despide rápido. Le echa agua fría a la convicción de pecado, y las personas agobiadas por el pecado se van a casa angustiados por lo que parece ser una falta de interés de su pastor.

He salido de esas reuniones con mucha tristeza. Me pregunto: "¿Dónde está la tristeza por el pecado? ¿No pueden los líderes ver que esas ovejas llorosas quieren clamar a Dios y permitir que la convicción del Espíritu Santo haga su obra de limpieza en ellos?"

¿Hay tristeza de Dios en nuestros púlpitos?

¿Dónde están los pastores como Samuel que han oído la voz de Dios, los ha despertado el Espíritu Santo y han recibido la revelación del juicio inminente sobre la casa descarriada de Dios? ¿Por qué no están todos los predicadores del evangelio entristecidos por la condición pecaminosa de la Iglesia? ¿Por qué no están todos los pastores y evangelistas clamando como vigías en el muro?

Se dijo de Samuel: "Y Samuel se lo manifestó todo, sin encubrirle nada [a Elí]" (1 Samuel 3:18). Les pregunto a los pastores: ¿Manifiestan todo, o retienen y ocultan la verdad por temor a ofender?

El mensaje de las personas como Samuel no es agradable. "Samuel temía descubrir la visión a Elí" (3:15). Samuel oyó a Dios pronunciar la sentencia del fin de una estructura religiosa descarriada. La visión era sobrecogedora. Dios ya no soportaría más una forma de piedad sin el poder de la santidad. El juicio estaba a punto de caer en la casa de Dios. El adulterio saldría a luz. El liderazgo transigente ya no gozaría más de las bendiciones de la presencia de Dios.

Dios quitaría su presencia de Silo y haría algo

nuevo y glorioso en Israel. Dios dijo: "Y yo me suscitaré un sacerdote fiel, que haga conforme a mi corazón y a mi alma; y yo le edificaré casa firme, y andará delante de mi ungido todos los días" (1 Samuel 2:35). Esto habla de la Compañía de creyentes y pastores como Samuel que comparten el corazón de Dios. Conocen la mente del Señor; conocen también su voluntad, y andan en temor y santidad delante de El. La Compañía de Samuel es un grupo de personas de oración; y como están en comunicación con Dios, conocen y comparten su tristeza y dolor. Fue mientras Samuel oraba que Dios le reveló las cosas terribles que le sobrevendrían al pueblo del Señor. "Y Jehová dijo a Samuel: He aquí haré yo una cosa en Israel, que a quien la oyere, le retiñirán ambos oídos" (1 Samuel 3:11).

Puedo decirle a quién le habla Dios en estos días. Les habla a los que pasan tiempo a solas con El, que lo anhelan como la cierva brama por el agua, que han hecho morir las ambiciones egoístas y que no tienen otra meta en la vida que dar placer, gloria y gozo al corazón de Dios.

Lo digo con toda confianza: Ninguna denominación va a dar el mensaje del Señor a esta generación condenada. Ningún comité oirá la Palabra verdadera ni iniciará la reunión final del remanente. Mientras los ángeles del apocalipsis salen a castigar la tierra, las denominaciones y líderes religiosos se esforzarán por proteger sus intereses y fortalecer su autoridad, trazando constituciones y resoluciones.

Hasta el fin de su ministerio, Samuel llevó la tristeza de Dios por su pueblo. Israel codiciaba un rey: "Constitúyenos ahora un rey que nos juzgue, como tienen todas las naciones" (1 Samuel 8:5). Samuel cayó de rodillas, muy disgustado. Y otra vez Dios compartió su tristeza con él: "Y dijo Jehová a Samuel:

Oye la voz del pueblo en todo lo que te digan; porque no te han desechado a ti, sino a mí me han desechado, para que no reine sobre ellos" (1 Samuel 8:7).

La tristeza de Dios produce una protesta contra el pecado.

¡La tristeza de Dios compartida con la Compañía de Samuel debe producir una protesta contra todo pecado y toda apostasía! "Ahora, pues, oye su voz; mas protesta solemnemente contra ellos, y muéstrales cómo les tratará el rey que reinará sobre ellos" (1 Samuel 8:9)

Por dondequiera que uno vaya, el pueblo de Dios rechaza cada vez más el señorío de Cristo. Hay un clamor de "ser como las naciones". Eso es una mezcla confusa. Eso es ser como el mundo. Eso es decir: "¡Queremos a Dios y al mundo!"

Gracias a Dios por la Compañía de Samuel que protesta. Han oído el mensaje de Dios y saben dónde va a parar toda esa transigencia. Ven los terribles resultados de la apostasía que se avecinan y, como Pablo, gimen con ese grito de tristeza conmovedor y penetrante.

¡El llamado a la tristeza resulta en un gozo eterno a Jehová!

A los que gimen por causa del pecado de la Iglesia los llaman pronosticadores de destrucción y portadores de tristeza. Muchos creyentes han dicho: "No quiero estar cerca de ellos. Son tan negativos y hoscos, y parecen tan tristes." Lo dicen porque no los conocen. No saben que los que comparten la tristeza de Dios por el pecado reciben también la medida mayor de gozo.

Los que de veras se duelen con Dios reciben un corazón que salta de gozo en Jehová. "Aunque la higuera no florezca, ni en las vides haya frutos, aunque falte el producto del olivo, y los labrados no den mantenimiento, y las ovejas sean quitadas de la majada, y no haya vacas en los corrales; con todo, yo me alegraré en Jehová, y me gozaré en el Dios de mi salvación. Jehová el Señor es mi fortaleza" (Habacuc 3:17-19).

Ese gozo proviene del conocimiento de que Dios siempre tendrá un ministerio puro, un cuerpo separado y santo, aun en los peores días. Saben que Dios los honrará con su presencia constante, aunque todos los demás se aparten de ellos con temor. Están llenos de gozo porque se fortalecen de la fe en la majestad y el poder de Dios, cuyos juicios son siempre justos. Con Habacuc, ellos pueden decir: "¡Aunque todo lo demás fracase, mi corazón se regocijará en Dios solamente!" Aunque parezca haber fracaso alrededor y pocas señales de buenos resultados, la tristeza cede el paso al gozo inefable, debido a la cercanía al corazón del Señor. Con Pablo, el remanente dolorido puede decir: "Como moribundos, mas he aquí vivimos; como castigados, mas no muertos; como entristecidos, mas siempre gozosos" (2 Corintios 6:9, 10).

Como prueba bíblica concluyente de que el compartir la tristeza de Dios produce gozo, les traigo a la memoria las palabras de David que dijo: "Irá andando y llorando el que lleva la preciosa semilla; mas volverá a venir con regocijo, trayendo sus gavillas" (Salmo 126:6).

15

¡Sometidos al cuchillo!

"Cuando todos los reyes de los amorreos que estaban al otro lado del Jordán al occidente, y todos los reyes de los cananeos que estaban cerca del mar, oyeron cómo Jehová había secado las aguas del Jordán delante de los hijos de Israel hasta que hubieron pasado, desfalleció su corazón, y no hubo más aliento en ellos delante de los hijos de Israel. En aquel tiempo Jehová dijo a Josué: Hazte cuchillos afilados, y vuelve a circuncidar. . . a los hijos de Israel. Y Josué se hizo cuchillos afilados, y circuncidó a los hijos de Israel en el collado de Aralot [de los Prepucios]. . . Y cuando acabaron de circuncidar a toda la gente, se quedaron en el mismo lugar en el campamento, hasta que sanaron. Y Jehová dijo a Josué: Hoy he quitado de vosotros el oprobio de Egipto; por lo cual el nombre de aquel lugar fue llamado Gilgal, hasta hoy" (Josué 5:1-3, 8, 9).

Aunque no lo crea, lo que le ocurrió a Israel en Gilgal, aquel gran día de la circuncisión, ¡tiene mucho que ver con la Iglesia actual de Jesucristo! "Porque las cosas que se escribieron antes, para nuestra enseñanza se escribieron, a fin de que por la paciencia y la consolación de las Escrituras, tengamos esperanza" (Romanos 15:4). "Y estas cosas les acontecieron como ejemplo, y están escritas para amonestarnos [instruirnos] a nosotros, a quienes han alcanzado los fines de los siglos" (1 Corintios 10:11).

El acontecimiento de Gilgal sirve como un sermón bien ilustrado para los creyentes de los últimos días. ¡Nos enseña a romper el poder del pecado para que podamos entrar a la libertad gloriosa de Cristo Jesús!

Primero, veamos tres eventos grandiosos de liberación anteriores a este gran día de circuncisión; eventos que Dios llevó a cabo por Israel para sacarlos de la esclavitud de Egipto y llevarlos a las bendiciones de Canaán.

La sangre en los postes de las puertas

"Y tomarán de la sangre, y la pondrán en los dos postes y en el dintel de las casas. . . Y lo comeréis así: ceñidos vuestros lomos, vuestro calzado en vuestros pies, y vuestro bordón en vuestra mano; y lo comeréis apresuradamente; es la Pascua de Jehová. Pues yo pasaré aquella noche por la tierra de Egipto, y heriré a todo primogénito en la tierra de Egipto, así de los hombres como de las bestias; y ejecutaré mis juicios en todos los dioses de Egipto. Yo Jehová. Y la sangre os será por señal en las casas donde vosotros estéis; y veré la sangre y pasaré de vosotros, y no habrá en vosotros plaga de mortandad cuando hiera la tierra de Egipto" (Exodo 12:7, 11-13).

Se exigió a los hijos de Israel que ofrecieran un sacrificio de sangre; y el corderito sin mancha que mataron fue un *tipo de Cristo muriendo en la cruz*. La sangre en los postes de las puertas los protegió del juicio de Dios: "Veré la sangre y pasaré de vosotros" (versículo 13).

En la actualidad, "salvado por la sangre" es el testimonio del pueblo de Dios en todo el mundo, al aplicarse la sangre de Cristo a nuestro corazón. Aunque hay otros que reclaman la sangre. Hay adúlteros, adictos y criminales que están en las cárceles ahora mismo, todos viviendo en pecados vergonzosos, que dirían: "Dios no me juzgará. ¡Estoy sometido a la sangre de Jesucristo! Hace años creí en El." Otros dicen: "La obediencia no te salvará. Lo que pienses de la sangre no te salvará. Sólo es importante lo que *Dios* piensa de la sangre. Métete debajo de la cubierta de sangre y serás salvo y estarás seguro para siempre."

Es absolutamente cierto que la sangre de Jesucristo provee protección del juicio de Dios, pero ¡sólo cuando va acompañada de un corazón obediente!

Esto fue cierto para los hijos de Israel. Para tener la protección de la sangre sacrificial, los Israelitas tenían que cumplir ciertas condiciones de obediencia. Primero, "que cada uno pida a su vecino. . . alhajas de plata y de oro. . . y vestidos. . . y les dieron cuanto pedían" (Exodo 11:2; 12:35, 36). El hacer eso no sólo proveía para su futuro sino que también probaba que la gente creía que Dios los iba a poner en libertad. Tenían que probar su fe con sus obras.

En seguida, "tomad un manojo de hisopo, y mojadlo en la sangre que estará en un lebrillo, y untad el dintel y los dos postes con la sangre" (Exodo 12:22). Ningún ángel hizo esa tarea por ellos, ni tampoco Dios; y si no hubieran querido hacerla ellos, habrían muerto. Sin embargo, se les exigió aun más.

Aquella misma noche, sus casas serían de obediencia. "Ninguno de vosotros salga de las puertas de su casa hasta la mañana" (Exodo 12:22). Dentro de la casa, tenían que comer el cordero pascual, que tenía que asarse al fuego. No debía quedar crudo ni empapado en agua, y los israelitas tenían que comerlo con pan sin levadura y hierbas amargas. Dios les dijo que lo hicieran vestidos, calzados y con el bordón en la mano; y tenían que comer de prisa.

Esa no fue una credulidad fácil. Los israelitas eran un pueblo obediente sobre el cual había caído el temor de Dios, y querían ser libres. Querían algo más que protección; querían libertad del poder de Egipto. ¡Estaban ansiosos y deseosos de obedecer! Eso está en contraste con una doctrina moderna que declara: "No es la obediencia lo que cuenta. No vivimos bajo la Ley. ¡Nuestra esperanza está en la sangre sola!" Esta enseñanza afirma que si decimos que la obediencia es necesaria, tratamos de restarle mérito al poder de la sangre. No obstante, fue la obediencia explícita de los israelitas lo que probó que ellos valoraban la sangre.

El hecho es que, uno puede estar seguro bajo la sangre y todavía estar en Egipto, aun bajo la esclavitud, en medio del horno de hierro y al alcance del látigo del enemigo. El deseo del Señor es que tengamos algo más que protección del juicio: El anhela sacarnos de la prisión de nuestra esclavitud al pecado, y llevarnos a una posición de completa victoria sobre la carne.

El cruce del Mar Rojo

"Y extendió Moisés su mano sobre el mar, e hizo Jehová que el mar se retirase por recio viento oriental toda aquella noche; y volvió el mar en seco, y las aguas quedaron divididas. Entonces los hijos de Israel entraron por en medio del mar, en seco, teniendo las aguas como muro a su derecha y a su izquierda. y siguiéndolos los egipcios, entraron tras ellos hasta la mitad del mar, toda la caballería de Faraón, sus carros y su gente de a caballo. . . Entonces Moisés extendió su mano sobre el mar, y... el mar se volvió en toda su fuerza, y los egipcios al huir se encontraban con el mar; y Jehová derribó a los egipcios en medio del mar... Y vio Israel aquel grande hecho que Jehová ejecutó contra los egipcios; y el pueblo temió a Jehová, y creyeron a Jehová y a Moisés su siervo" (Exodo 14:21-23, 27, 31).

El cruce del Mar Rojo es un tipo de la victoria de la cruz sobre todos nuestros enemigos. Todos nuestros enemigos espirituales: el pecado, el mundo y Satanás, perdieron su poder de control sobre nosotros en la cruz. ¡Eso fue también lo que vivieron los israelitas! "Israel vio a los egipcios muertos a la orilla del mar" (Exodo 14:30). Después de este acontecimiento, el pueblo de Dios fue liberado de la esclavitud. Los látigos que antes les herían en la espalda cansada flotaban ahora sin rumbo fijo sobre el agua.

El pueblo había sido sacado físicamente de Egipto, y ahora se regocijaba: "Gracias a Dios, somos libres. No más esclavitud, ya no seremos forzados a hacer lo que aborrecemos; ¡de veras estamos fuera!" Sin embargo, no tardó mucho para que descubrieran que, aunque estaban fuera de Egipto, ¡este todavía estaba dentro de ellos!

Mientras se hacía cada vez más duro afrontar las pruebas en el desierto, la gente recordaba, deseaba y soñaba con los placeres de la vida antigua. Es verdad que la sangre los protegía y estaban a salvo del juicio de Dios; habían sido liberados del poder de este mundo pecaminoso, pero no se habían entregado de todo corazón al Señor. ¡Habían salido de Egipto, pero todavía no habían entrado a una relación íntima con su Señor!

La misma cosa es uno de los mayores problemas de la Iglesia de hoy: Los cristianos cuyo cuerpo permanece en la casa del Señor, pero su corazón y su mente de continuo vuelven a la vida antigua. Pueden testificar: "Gracias a Dios, he sido liberado de la prisión de Satanás. He recibido más vida. Es un milagro; ya no soy esclavo del pecado. ¡La cruz me ha libertado!" Sin embargo, echan de menos las fiestas y los placeres y emociones fuertes de antes y dicen: "¡Quizás sólo una noche para recordar el pasado!"

Tal vez usted se ha dado cuenta de que aunque ha sido librado del pecado, la vida en Cristo no es tan fácil como pensaba que sería. Las pruebas lo golpean y Satanás derrama sus mentiras en su oído: "¿Recuerdas lo bueno que era? ¿La diversión, la risa y todos tus viejos amigos?" La verdad es que no era divertido, sino el infierno en la tierra.

Hay quienes volverían a Egipto si no les preocupara la pérdida del respeto adquirido o el lastimar a sus seres queridos. En todo caso, no permanecen fuera de Egipto por su amor a Jesucristo, sino por temor. Permanecen sólo porque sería peor volver atrás, no por su devoción al que los sacó de la esclavitud.

El cruce final: El río Jordán

"Y cuando las plantas de los pies de los sacerdotes que llevan el arca de Jehová, Señor de toda la tierra, se asienten en las aguas del Jordán, las aguas del Jordán se dividirán; porque las aguas que vienen de arriba se detendrán en un montón. Y aconteció cuando partió el pueblo de sus tiendas para pasar el Jordán, con los sacerdotes delante del pueblo llevando el arca del pacto. . . de Jehová, estuvieron en seco, firmes en medio del Jordán, hasta que todo el pueblo hubo acabado de pasar el Jordán; y todo Israel pasó en seco" (Josué 3:13, 14, 17).

El cruce del Jordán es un tipo de la entrada a la libertad en Cristo. Dios siempre nos saca de algo para llevarnos a El. No basta con escapar del poder de Satanás, y salir de la cárcel de esclavitud; también debemos entrar a la vida resucitada de Cristo. Aquí, Canaán no representa el cielo, porque es una tierra de lucha espiritual, sino que es un lugar donde Jesucristo quiere que gocemos de la bondad de su victoria; un lugar de gozo, felicidad y plenitud.

Cuando Israel llegó al Jordán, ya no lo guiaban la nube durante el día y el fuego de noche (véase Exodo 13:21) sino el arca del pacto. Vemos el arca, tipo de Cristo, entrar al Jordán, sumergirse en él como en la muerte, y decir: "¡Síganme!" Es Jesucristo que nos invita a bautizarnos en El.

Al salir del Jordán, los hijos de Israel entraron a la Tierra Prometida, que es un tipo de la permanencia en Cristo. "Y el pueblo subió del Jordán. . . y acamparon en Gilgal" (Josué 4:19). En ese momento, estaban protegidos por la sangre, librados del poder del enemigo y resucitados a nueva vida en la tierra de leche y miel de Dios. De veras estaban listos a combatir en Jericó, ¡su primera prueba en Canaán! ¿Qué más podrían necesitar? Les debe haber parecido que era hora de marchar, gritar y derrumbar los baluartes del enemigo.

Sin embargo, no estaban listos todavía. El Espíritu tenía que realizar todavía una obra más: "Hazte cuchillos afilados, y vuelve a circuncidar. . . a los hijos de Israel. Y Josué se hizo cuchillos afilados, y circuncidó a los hijos de Israel en el collado de Aralot" (Josué 5:2, 3).

La circuncisión:
El corte para separar la carne

No voy a comenzar una discusión teológica sobre la circuncisión, pero ese procedimiento antiguo es de gran importancia para la Iglesia actual. ¡Qué experiencia tan dolorosa debe haber sido para los israelitas el corte del prepucio con un cuchillo afilado como señal al mundo de su unión en pacto fiel con Dios! Ese pueblo había nacido en el desierto y nunca había tenido la circuncisión; y después de ella, estuvieron incapacitados y débiles por varios días.

El someterse al cuchillo significa hoy ¡el sometimiento a la Palabra afilada y cortante de Dios! "Porque la palabra de Dios es viva y eficaz, y más cortante que toda espada de dos filos" (Hebreos 4:12). La Palabra corta de veras: "Ellos, oyendo esto, se enfurecían y querían matarlos" (Hechos 5:33). Cuando Esteban predicaba: "Se enfurecían en sus corazones, y crujían los dientes contra él" (Hechos 7:54).

La Biblia dice que la Palabra de Dios circuncidó nuestro corazón. "La circuncisión es la del corazón, en espíritu, no en letra; la alabanza del cual no viene de los hombres, sino de Dios" (Romanos 2:29). Hay también una "circuncisión no hecha a mano, al echar de vosotros el cuerpo pecaminoso carnal, en la circuncisión de Cristo" (Colosenses 2:11).

Cada uno de nosotros tiene en su interior el "oprobio de Egipto", todo lo que es de nuestra carne, que se debe quitar. Y existe una operación en la que el Espíritu de Dios quita todas esas pasiones carnales y dominios del mal: Cuando los ungidos de Dios en el poder y la demostración del Espíritu Santo predican la Palabra de Dios, ¡esta se convierte en ese cuchillo afilado! Dios tiene personas como Josué en la actualidad, y les ha ordenado que sometan a su pueblo protegido por la sangre, librado, redimido y resucitado al cuchillo de su Palabra para quitarle todo residuo de idolatría o transigencia.

Lamentablemente, muchos pastores no quieren someter a su gente al cuchillo de la reprobación y la

corrección. Es posible que un pastor "ame a sus feligreses hasta el infierno" al protegerlos del llamado
al arrepentimiento y del lloro de los profetas.

En algunas iglesias me he esforzado mucho en predicar advirtiendo del juicio, clamando contra la idolatría y rogando a los santos que despierten y pidan
a Dios la limpieza. No obstante, los pastores se quedaban sentados, inmóviles, sin decir ni un "amén".
La congregación parecía aburrida. Oyeron mi grito
conmovedor contra la televisión y sonrieron con-
descendientes como diciendo: "Muy divertido." Estaban protegidos por la sangre, redimidos, bautizados
en Cristo y ¡escogidos, pero fríos!

Después de la predicación, me sentía derrotado,
como si hubiera perdido el tiempo. Creía que tenía
el mensaje de la Palabra de Dios para ellos, pero no
habían reaccionado. En ocasiones, después de predicar un mensaje así, un pastor me invitaba a cenar
para contarme lo maravillosa que era su congregación; daban con sacrificio, y hacían todo lo que él
les pedía. Decía que su gente era la más dulce, amable
y considerada del mundo; apoyaban con entusiasmo
el programa de construcción, participaban en el coro
y la orquesta y ¡todos trabajaban mucho! "En esta
iglesia dejamos que el Espíritu Santo se encargue de
esos asuntos", decía. "¡Nuestra gente es madura!"

Entonces pensaba para mis adentros: "¡Así es la
cosa! Eran demasiado buenos para un mensaje tan
fuerte. ¡Hombre, cómo me equivoqué!"

Esto es, hasta más tarde cuando oraba en mi cuarto
del hotel y Dios me decía: "¡No te equivocaste! De
toda la gente, ellos eran los que más necesitaban ese
mensaje. En esa iglesia tienen una sociedad de ad-
miración mutua que podría destruirlos, enceguecer-
los y costarles todo."

Me he dado cuenta de que esa gente puede ser

madura en realidad, pero ¡están descarriados! Se están enfriando y los tiene atrapados un amor falso.

Josué no alabó a su congregación. Dios le reveló que la gente todavía tenía pegado el oprobio de Egipto, y él obedeció el mandamiento de Dios de afilar los cuchillos y cortar las cosas carnales.

Un oprobio es cualquier cosa que reemplaza al Señor en nuestro corazón, un pecado o idolatría que aleja el corazón de El. Como algunos pastores modernos, Josué pudo haber dicho: "Dios, esta gente ha sufrido tanto, han soportado durezas increíbles y ahora están más débiles que nunca. No puedo someterlos a una operación tan dolorosa ahora." En realidad, el lugar más peligroso para un creyente es bajo la enseñanza de un pastor que lo protege de la reprobación y lo persuade a pensar que todo va bien. "El hombre que lisonjea a su prójimo, red tiende delante de sus pasos" (Proverbios 29:5).

Pablo tampoco aduló al pueblo de Dios: "Porque nunca usamos de palabras lisonjeras, como sabéis, ni encubrimos avaricia; Dios es testigo" (1 Tesalonicenses 2:5). "Sino que según fuimos aprobados por Dios para que se nos confiase el evangelio, así hablamos; no como para agradar a los hombres, sino a Dios" (versículo 4). El resultado de la enseñanza de Pablo fue la obediencia en la vida de los tesalonicenses: "Os convertisteis de los ídolos a Dios, para servir al Dios vivo y verdadero" (1:9).

Juan era pastor de las siete iglesias de Asia, y por revelación Jesucristo se le apareció y le mostró los pecados ocultos de la gente. Juan se dirigía a ellos como a amados hijos de Dios, el cual "nos amó, y nos lavó de nuestros pecados con su sangre" (Apocalipsis 1:5). Ellos eran "reyes y sacerdotes para Dios" (versículo 6). Sin embargo, cierto día del Señor, el Espíritu de Dios vino sobre Juan y él oyó la Palabra de Dios que sonaba como una trompeta: "Yo estaba en el Espíritu en el día del Señor, y oí detrás de mí una gran voz como de trompeta" (versículo 10). Jesús se le apareció y "de su boca salía una espada aguda de dos filos" (versículo 16).

A una iglesia amada y lavada en la sangre, ¡se le apareció una espada! Y a pesar de su bondad, trabajo duro y amor, Dios los halló necesitados.

En Apocalipsis capítulo dos, Juan describió la maravillosa congregación de Efeso. Eran pacientes y trabajadores, aborrecían las obras malas, pero se estaban enfriando. Habían perdido su amor ardiente por Cristo y caído en un letargo. Jesús clamó: "¡Arrepiéntete. . . pues si no, vendré pronto a ti, y quitaré tu candelero [no serás ungida]!" En Pérgamo, la congregación retenía su nombre, sin negar la fe y algunos estaban dispuestos a morir, pero había algo muy mal: Estaban penetrando las enseñanzas falsas y las doctrinas de demonios se estaban arraigando. Jesús dijo: "Arrepiéntete; pues si no. . . pelearé contra ellos con la espada de mi boca."

Un espíritu como el de Jezabel se había infiltrado en la congregación de Tiatira, aunque los de allá eran siervos caritativos, llenos de fe, paciencia y buenas obras. A esa iglesia, Jesús le dijo: "Yo los arrojo. . . en gran tribulación . . . si no se arrepienten de las obras de ella" (Apocalipsis 2:22).

La congregación de Sardis tenía la reputación de ser una iglesia viva, pero Jesús dijo: "Tienes nombre de que vives, y estás muerto" (Apocalipsis 3:1). No les quedaba mucha espiritualidad porque su corazón no era perfecto para con Dios. Sin embargo, como ocurre con tantas iglesias hoy en día, se consideraban llenos de vida. Sólo los que andaban en el Espíritu sabían que, en realidad, estaban muertos.

Jesús vino con una espada afilada y sometió a todas

esas iglesias a su Palabra cortante. ¡Eso es amor verdadero!

La extracción del oprobio de Egipto

¿Qué significa en realidad el "sometimiento al cuchillo"? En Josué 5, Israel estaba en el pináculo de su gloria y poder al recibir milagros increíbles. Su pueblo era amado y protegido, y en sus enemigos "desfalleció su corazón, y no hubo más aliento en ellos delante de los hijos de Israel" (Josué 5:1). En ese tiempo, dice el versículo dos, esto es, el tiempo de victoria, bendición, guía y favor, el tiempo cuando estaban a punto de entrar a poseer la tierra, fue cuando Dios dijo en efecto: "¡Paren todo! Hasta aquí llegamos. Tenemos un problema. Todo parece bien, se han de ganar victorias mayores, pero no se ha decidido un asunto. El oprobio de Egipto está todavía en su corazón y se debe cortar y extraer."

Es como si Dios le dijera a su pueblo: "He soportado con paciencia tus descarríos, quejas y pasiones carnales constantes y sin fin. Diez veces me provocaron tus padres en el desierto y les perdoné todo. Te encontré debilitándote en el horno de hierro de Egipto. Te lavé, protegí con sangre y te libré de tus enemigos, pero todo el tiempo has llevado un pecado secreto en el corazón. No has querido despojarte de un ídolo que tiene un baluarte en tu corazón."

El profeta Amós confirmó que Israel tenía esa idolatría en el corazón: "¿Me ofrecisteis sacrificios y ofrendas en el desierto en cuarenta años, oh casa de Israel? Antes bien, llevabais el tabernáculo de vuestro Moloc. . . la estrella de vuestros dioses que os hicisteis" (Amós 5:25, 26). Ese era el oprobio: Todo el tiempo, a pesar del amor, la protección, las bendiciones y la guía de Dios, los israelitas llevaban algo secreto en el corazón. Aun mientras cantaban las alabanzas al Señor, otro dios gobernaba sus motivos interiores.

¡Habían ocultado los ídolos de sus padres en su equipaje! Ni aun la aterradora voz de un Dios santo y temible podía hacerles rendir sus pequeños santuarios y las imágenes doradas traídas de Egipto. Querían seguir adelante sirviendo a Dios mientras continuaban aferrados a los ídolos. El Señor había sido paciente hasta ese punto, pero ahora les daba un ultimátum: "Prosigo sólo con un pueblo santo. Les espera un mundo de gozo y paz, y de muchas victorias, pero no pueden traer su oprobio. ¡Extráiganlo! Afilen los cuchillos. De aquí en adelante no se permiten la carne, ni la idolatría, ni las pasiones pegadizas, ni el oprobio secreto."

"El pecado es afrenta de las naciones."
Proverbios 14:34

Esa "buena" gente tenía el corazón manchado por el pecado. Debido a que eran tan ciegos y tercos, Dios pidió el corte de los prepucios, para mostrarles lo que esperaba que hicieran en su interior, es decir, la separación de todo pecado. Dudo que lo entendieran así mientras hacían fila para someterse al cuchillo de la circuncisión. Dios les decía: "Denme el corazón y renuncien a esos ídolos."

Sin embargo, eso se escribió principalmente para nuestra instrucción. Hoy en día, Dios nos da su ultimátum: "Si se someten a mi Palabra y me dejan que les corte todo pecado e idolatría, los llevaré a una buena tierra; destruiré todas las fortalezas y los llenaré con miel y leche del cielo. Si al contrario, no se someten ni claman a mí para que les quite todo el pecado, entonces seguirán solos y mi presencia no los acompañará. Sométanse a mi cuchillo o ¡váyanse por su propio camino!"

¿Qué tan serio es el asunto del sometimiento al cuchillo? Lo vemos ilustrado con claridad en la vida de Moisés: "Aconteció... que... Jehová... quiso matarlo [a Moisés]. Entonces Séfora tomó un pedernal afilado y cortó el prepucio de su hijo... Así [el Señor] le dejó luego ir" (Exodo 4:24-26). Tal vez Moisés le había permitido a su esposa Séfora que lo disuadiera de hacer lo recto. Y Dios le decía: "Decide Moisés si vas a escuchar a tu esposa u obedecerme a mí."

¡Ese era un asunto de vida o muerte! Y el Señor viene a usted hoy de la misma manera, clamando: "Sométete ahora a mi circuncisión, corta la carne y entrega tu pecado secreto al cuchillo." ¡Sólo entonces, puede usted entrar a gozar de las abundantes riquezas de Jesucristo!

16

¡Los mendigos son una señal!

Permítame usted comentarle sobre lo que creo que Dios me ha mostrado acerca de sus juicios en este país, los cuales ya han comenzado. Recientemente, mientras oraba profundamente, estas palabras se repetían en mi espíritu: "¡Los mendigos son una señal! ¡Los mendigos son una señal!"

Pensé en los más de 60.000 desamparados, muchos de los cuales son mendigos que vagan por las calles. Si uno detiene su coche en una intersección de la ciudad de Nueva York, los mendigos rodean el carro, cerrando la vía con avisos, sacudiendo el polvo del parabrisas con trapos sucios y pidiendo monedas. Muchos se están volviendo cada vez más beligerantes, amenazadores y violentos.

Millares de tales mendigos son chicos o jóvenes que duermen en carros y camiones abandonados y en edificios dilapidados e infestados de ratas. Se hallan perdidos en un mundo loco por las drogas y enfermedades como el SIDA. Muchos venden el cuerpo por un poco de droga, y ofrecen favores sexuales por muy poco dinero.

Cuando uno mira sus ojos y sus rostros enjutos, ve un cuadro del infierno. Algunos ansían la

210 Exhortación a la Iglesia

muerte para escapar de su prisión de drogas. Otros ya están moribundos, consumidos por el SIDA, la sífilis, la tuberculosis, la neumonía y diferentes tipos de cáncer.

La pobreza sola no los ha echado a las calles; ¡también ha sido la obra de un espíritu diabólico! Un ejemplo perfecto de esto es Billie Boggs, una desamparada de Manhattan. Ella ha aparecido en las primeras páginas de los periódicos del mundo por cobrar asistencia social y rehusar todo tipo de abrigo. Aunque le den dinero, prefiere las calles. Se sienta sobre una reja del metro, insultando a los que pasan, loca y todavía mendigando.

La ciudad y sus agencias están confundidas. "¿Qué pasa?" se preguntan. "¿Cuál es la razón de esta aparición repentina de un ejército de mendigos desamparados en los últimos dos años?"

Durante el juicio que le sobrevino a Israel, Isaías clamó: "Tus hijos desmayaron, estuvieron tendidos en las encrucijadas de todos los caminos, como antílope en la red, llenos de la indignación de Jehová, de la ira del Dios tuyo" (Isaías 51:20).

Esto es un enojo divino; un testigo de la indignación de Dios. ¡Los jóvenes viven en las calles como una señal visible que no se puede pasar por alto! Durante la época más próspera de nuestro país, el período de más bajo desempleo, ha surgido un batallón de mendigos desamparados. Cuán cierto es que "la justicia engrandece a la nación; mas el pecado es afrenta de las naciones" (Proverbios 14:34).

Antes de avanzar más sobre el hecho de que estos mendigos son una señal de juicio, permítame demostrarle por las Escrituras cuán ansioso está Dios de hacer que nos lleguen sus advertencias.

Señales del Antiguo Testamento

El Antiguo Testamento está lleno de sermones bien ilustrados por los profetas. Por ejemplo, Dios le dijo a Isaías que avisara a Egipto y Etiopía que Asiria atacaría pronto y los llevaría cautivos. Para ilustrar eso, Isaías debía andar descalzo por tres años, vestido sólo con una túnica. "Y dijo Jehová: De la manera que anduvo mi siervo Isaías desnudo y desclazo tres años, por señal y pronóstico sobre Egipto y sobre Etiopía" (Isaías 20:3).

En otra ocasión, Dios predijo con claridad lo que le haría a una Judá desobediente: "Y haré en ti lo que nunca hice, ni jamás haré cosa semejante, a causa de todas tus abominaciones" (Ezequiel 5:9). Jerusalén sería rodeada y sitiada; una tercera parte de la población moriría por las plagas o el hambre; una tercera parte caería a espada y una tercera parte sería esparcida en todas direcciones.

Entonces Dios les dio una señal o advertencia ilustrada. Le dijo a Ezequiel que se acostara en frente de la gente de la ciudad por 390 días sobre su costado izquierdo y por 40 días sobre el derecho. También tenía que conseguir una teja de barro e inscribir en ella un cuadro de Jerusalén. "Y pondrás contra ella sitio, y edificarás contra ella fortaleza, y sacarás contra ella baluarte, y pondrás delante de ella campamento, y colocarás contra ella arietes alrededor. Tómate también una plancha de hierro, y ponla en lugar de muro de hierro entre ti y la ciudad; afirmarás luego tu rostro contra ella. . . Es señal a la casa de Israel" (Ezequiel 4:2, 3).

La multitud se preguntaba si el profeta se había vuelto loco. Estaba ahí, jugando a la guerra. Con soldados y armas de juguete apuntando a la ciudad. ¿Qué clase de señal era esa?

Entonces Ezequiel se afeitó la cabeza y dividió su cabello en tres partes: Quemó la tercera parte, otra tercera parte golpeó con una espada y el último tercio echó al viento.

Dios parecía decir: "Ustedes no escuchan mis profecías y advertencias. Entonces miren esta ilustración tan sencilla que hasta un niño la entiende: Esas armas de juguete representa a un ejército de verdad. El cabello dividido y destruido habla de lo que le va a ocurrir a la población. La plancha de hierro es su corazón duro, que como el hierro, es inconmovible y se interpone a las advertencias de mi profeta a ustedes." ¡Dios le dio una señal a Jerusalén!

En una ocasión más, el Señor volvió a ilustrar el juicio que le sobrevendría al pueblo. Casi con resignación, El dijo: "Por si tal vez atienden, porque son casa rebelde" (Ezequiel 12:3). Esa vez el Señor le dijo a Ezequiel que reuniera todos sus enseres en la calle y se preparara a salir al exilio. Al anochecer se echó el bulto al hombro y se dirigió al muro. Y también le dijo: "Delante de sus ojos te abrirás paso por entre la pared" (Ezequiel 12:5).

Cuando los espectadores preguntaron qué significaban los actos extraños del profeta, Ezequiel respondió: "Yo soy vuestra señal; como yo hice, así se hará con vosotros; partiréis al destierro, en cautividad" (Ezequiel 12:11). Así vemos que Dios sí le envió señales de juicio a su pueblo, mientras Ezequiel daba una representación de las cosas que ocurrirían pronto.

Jesucristo dijo: "La generación mala y adúltera demanda señal; pero señal no le será dada, sino la señal del profeta Jonás" (Mateo 12:39). Eso les dijo a los escribas y fariseos que querían una señal de Cristo para probar su Divinidad. Sin embargo, nunca se daría una señal para validar su Divinidad. La señal dada a todos los hombres fue la resurrección; ninguna otra señal de su Divinidad es necesaria.

No obstante, Jesucristo le pidió a la gente que distinguiera las señales de los tiempos. "¡Hipócritas! que sabéis distinguir el aspecto del cielo, ¡mas las señales de los tiempos no podéis!" (Mateo 16:3). Jesucristo también les advirtió: "Y habrá grandes terremotos, y en diferentes lugares hambres y pestilencias; y habrá terror y *grandes señales* del cielo. . . Entonces habrá *señales* en el sol, en la luna y en las estrellas, y en la tierra angustia de las gentes, confundidas" (Lucas 21:11, 25). "Y daré prodigios arriba en el cielo, y *señales* abajo en la tierra" (Hechos 2:19).

El ejército creciente de mendigos es uno de los sermones ilustrados del Señor.

Los mendigos son una señal evidente y grande del juicio inminente. Aunque el gobierno los encerrara a todos en instituciones, otro ejército *mayor* surgiría a los pocos días. Ya vemos aun mendigos infantiles adictos a los drogas, que aparecen por millares.

Nadie ha calculado bien todavía cuánto se ha extendido el uso del bazuco. Parece que el gobierno estuviera ciego e ignorante de sus peligros. Hace algunos años no se sabía mucho de esa droga. Hoy en día, tiene dominados a millones de personas de cinco años de edad en adelante. Aun gerentes de corporaciones deambulan ahora por las calles como mendigos, destruidos por el bazuco en pocos meses de consumo.

Para esa guerra no se necesitan balas, tanques, cañones, aviones ni bombas. Sólo millones de frasquitos, llenos de piedrecitas blancas de bazuco; ¡una señal aterradora del juicio de Dios!

Déjeme ilustrarle lo que pasa cuando una nación no quiere discernir las señales de los tiempos:

Todas las catástrofes profetizadas por Jeremías en Lamentaciones ya han ocurrido. Jerusalén fue asediada por los caldeos invasores, causando hambre y finalmente su destrucción y la del templo. Todo pasó como el profeta había advertido, y el pueblo fue llevado al exilio.

Jeremías escribió sobre toda esa miseria terrible, pero no se enorgulleció ni dijo: "¡Se lo dije!" No, sino que llora, lamenta y clama a Dios por misericordia para el pueblo. Aunque Jeremías tenía el deber de ser brusco: "Jehová ha hecho lo que tenía determinado; ha cumplido su palabra, la cual él había mandado desde tiempo antiguo. Destruyó, y no perdonó; y ha hecho que el enemigo se alegre sobre ti" (Lamentaciones 2:17). No había dejado de cumplirse ni una palabra de las profecías de Dios. *Y no faltarán con respecto a su advertencia a este país.*

Como vemos, Jeremías decía que las maldiciones dadas por Dios eran solamente aquellas sobre las cuales Moisés le había advertido al pueblo en Deuteronomio: "El extranjero que estará en medio de ti se elevará sobre ti muy alto, y tú descenderás muy bajo. . . él será por cabeza, y tú serás por cola" (Deuteronomio 28:43, 44). Como cumplimiento de esa misma profecía, Jeremías dijo: "Sus enemigos han sido hechos príncipes, sus aborrecedores fueron prosperados, porque Jehová la afligió por la multitud de sus rebeliones; sus hijos fueron en cautividad delante del enemigo" (Lamentaciones 1:5).

Uno no tiene que ser místico ni profeta para conocer el castigo que Dios está a punto de dar a este país, pues todo está en Deuteronomio 28. ¡Las maldiciones que Moisés profetizó abatieron a Israel, y están hundiendo a este país!

Una de las primeras señales de juicio: Los jóvenes arrojados a las calles

---

Cuando el juicio cae sobre un pueblo, los jóvenes son quebrantados (véase Lamentaciones 1:15). "Mis vírgenes y mis jóvenes fueron llevados en cautiverio" (Lamentaciones 1:18). "Por fuera hizo estragos la espada; por dentro señoreó la muerte" (Lamentaciones 1:20). Y otra vez: "Mis hijos son destruidos, porque el enemigo prevaleció" (Lamentaciones 1:16).

En este país el enemigo ha prevalecido sobre nuestros hijos por la plaga de las drogas. ¿Cómo puede alguien decir que todas esas personas que yacen en las calles, jóvenes y viejos, no tienen significado profético para nosotros? ¡Cuán equivocados están los que creen tal cosa! "Niños y viejos yacían por tierra en las calles" (Lamentaciones 2:21). El profeta clama: "¡Miren lo que les pasa a nuestros niñitos!" Dice: "Alza tus manos a él implorando la vida de tus pequeñitos, que desfallecen de hambre en las entradas de todas las calles" (Lamentaciones 2:19).

Jeremías halló el origen de esos juicios en los cambios terribles que había sufrido la nación. Una decadencia terrible se había afirmado y había ocurrido un desmoronamiento moral. La gente había caído de una sociedad recta y moral a increíbles profundidades de degradación. "¡Cómo se ha ennegrecido el oro! ¡Cómo el buen oro ha perdido su brillo! Las piedras del santuario están esparcidas por las encrucijadas de todas las calles" (Lamentaciones 4:1).

Aquí el profeta habla de los cambios entre la gente y las instituciones sociales, tanto como del deterioro del santuario. Los hijos preciosos del pueblo, otrora de pureza moral como el oro, yacían entonces en las intersecciones como tiestos de cerámica quebrada.

"Los que comían delicadamente fueron asolados en las calles; los que se criaron entre púrpura se abrazaron a los estercoleros [la basura]" (Lamentaciones 4:5). El profeta llora por los jóvenes perdidos en las calles, que caminan como esqueletos con las mejillas hundidas y se mueren de pie. "Oscuro más que la negrura [suciedad] es su aspecto; no los conocen por las calles; su piel está pegada a sus huesos, seca como un palo... titubearon como ciegos en las calles, fueron contaminados con sangre, de modo que no pudiesen tocarse sus vestiduras" (Lamentaciones 4:8, 14). "Aun han desfallecido nuestros ojos esperando en vano nuestro socorro; en nuestra esperanza aguardamos a una nación que no puede salvar. Cazaron nuestros pasos, para que no anduviésemos por nuestras calles; se acercó nuestro fin" (Lamentaciones 4:17, 18).

Al acercarse el fin de la nación, el juicio se aceleraba. La sociedad llegó a un punto cuando nadie tenía soluciones, y los cambios aumentaban con rapidez. Las calles se llenaban de gente pobre y famélica como esqueletos, que antes eran jóvenes morales y de bien, pero ahora escarbaban en la basura en busca de comida. Esos mendigos desolados perseguían al resto de la sociedad, volviendo las calles inseguras para andar por ellas.

¿No es así en la actualidad? Examine usted otra vez a los mendigos jóvenes. ¿Qué ve usted? Yo veo una señal de Dios advirtiendo e implorándonos que tomemos nota: Esa imagen del mendigo es nuestro país bajo juicio. Es un cuadro profético de lo que el país se está volviendo y será: Una nación enloquecida por las drogas y perdida, rechazada por las naciones más ricas que se han enaltecido sobre nosotros al agotar nuestra riqueza. Dios parece decir: "¡Miren a los mendigos! ¡Miren su rostro! Ese es el futuro del país si no se arrepienten."

Un periódico importante publicó una caricatura de niños frente a la bandera del país, con yelmos, escudos y armadura completa. Decían: "Por una nación asediada, indefensa, con libertad y ametralladoras para todos. . ."

¿Cómo le ocurrió tal cosa a nuestra nación que antes era justa? ¿A quién le echaremos la culpa de nuestra caída?

Jeremías culpó a los profetas y predicadores de la decadencia de Israel.

"Es por causa de los pecados de sus profetas, y las maldades de sus sacerdotes, quienes derramaron en medio de ella la sangre de los justos" (Lamentaciones 4:13). Antes, Jeremías dijo: "Los profetas profetizaron mentira, y los sacerdotes dirigían por manos de ellos; y mi pueblo así lo quiso. ¿Qué, pues, haréis cuando llegue el fin?" (Jeremías 5:31).

Los predicadores le dicen a la Iglesia que "todo está bien" porque son dados "a la codicia" (Proverbios 1:19). Han pecado al no predicar la verdad, no advertir a la gente y adormecer a los creyentes ante el juicio inminente.

Un joven me conmovió el corazón al decir en nuestra reunión de oración de los viernes por la noche: "Amado Señor: Presenté mis peticiones y reclamé las promesas, pero cuando la tormenta llegó a mi vida, no estaba preparado. La confesión positiva no dio resultado y quedé en zozobra. Mi pastor me había mentido. ¡Me habían engañado! ¡Oh Dios! Todos mis amigos están todavía en esa iglesia, engañados sin saberlo. ¡Les gusta, pero cuando vengan las tormentas, los hallarán sin raíces ni fundamento, y *caerán.*"

Los que predican el mensaje de "paz y prosperidad" se burlan de Jeremías. Socaban su mensaje y profecías de dos maneras, al decir, en efecto: "Hemos oído eso por años y nada pasa. ¡Antes bien, estamos prosperando! Las cosas han mejorado, en vez de empeorar." Y "sí, puede suceder, y probablemente suceda, pero dentro de mucho tiempo, alguna vez en el futuro."

Ezequiel se refiere a esas excusas: "Vino a mí palabra de Jehová, diciendo: Hijo de hombre, ¿qué refrán es este que tenéis vosotros en la tierra de Israel, que dice: Se van prolongando los días, y desaparecerá toda visión? Diles, por tanto: Así ha dicho Jehová el Señor: Haré cesar este refrán, y no repetirán más este refrán en Israel. Diles, pues: Se han acercado aquellos días, y el cumplimiento de toda visión. Porque no habrá más visión vana, ni habrá adivinación de lisonjeros en medio de la casa de Israel. . . Diles, por tanto: Así ha dicho Jehová el Señor: No se tardará más ninguna de mis palabras, sino que la palabra que yo hable se cumplirá" (Ezequiel 12:21-24, 28).

Es decir, ¡el juicio de Dios ya está a las puertas!

¡Este país va a sufrir un juicio peor que el de Sodoma!

"Porque se aumentó la iniquidad de la hija de mi pueblo más que el pecado de Sodoma, que fue destruida en un momento, sin que acamparan contra ella compañías" (Lamentaciones 4:6).

Voy a decir algo que tal vez haga enojar a algunos, pero es verdad y tiene su fundamento en lo que Dios dice aquí: ¡Creo que en el juicio, lo más misericordioso que Dios podría hacernos es dejar que el enemigo descargara sus bombas sobre nosotros, para borrarnos del mapa, como le sucedió a Sodoma, en un momento!

"Más dichosos fueron los muertos a espada que los muertos por el hambre; porque éstos murieron poco a poco por falta de los frutos de la tierra. Las manos de mujeres piadosas cocieron a sus hijos; sus propios hijos les sirvieron de comida en el día del quebrantamiento de la hija de mi pueblo" (Lamentaciones 4:9, 10).

A menudo decimos que Dios nos juzgará como a Sodoma. Amados: Ese juicio fue misericordioso si se compara con lo que le sucedió a Jerusalén. En Sodoma no había hambre, ni madres que se comieran a sus bebés, ni mendigos famélicos comiendo basura, ni una generación de jóvenes muriendo lentamente, torturados por el pecado y asolados por las enfermedades. A Jerusalén la humillaron, mataron de hambre, quemaron, debilitaron, atormentaron, esclavizaron y pusieron en prisión.

Dios destruyó a Sodoma en un instante, mientras que Israel fue entregada en manos de impíos. Y el juicio de nuestro país está en manos de Satanás: "¡Ay de los moradores de la tierra. . .! porque el diablo ha descendido a vosotros con gran ira" (Apocalipsis 12:12).

El SIDA es todavía otra señal: Una muerte con agonía lenta que habla de nuestra pérdida de inmunidad y la susceptibilidad a todo tipo de inmoralidad. ¿Es sólo un decir o un hecho a secas que en sólo pocos años el aumento progresivo de los pacientes de SIDA causará el descalabro de nuestro sistema hospitalario?

¿Es sólo murmuración que nuestras cárceles funcionan ahora con una capacidad de 110 por ciento, y que pronto ya no tendremos más espacio en las prisiones?

¿Es un rumor nada más que se abusa sexualmente de millares de niños y que hombres bestializados violan niñitas de pocos años de edad?

¿Desaparecerá el bazuco? ¿Qué me dicen del niño de tres años, de Brooklyn, levantado y usado como escudo, que fue muerto a balazos en un tiroteo de narcotraficantes? ¿Qué de los niños de seis a diez años de edad que distribuyen drogas, entre los cuales se encuentra un chico de Nueva York a quien le encontraron en la escuela 400 frasquitos de bazuco en bolsas de papel, todo para la venta?

¿Se pueden considerar esas cosas sólo como una pesadilla pasajera? ¿Es la ola de asesinatos, violaciones, robos, pornografía, avaricia, violencia y perversión sólo otra etapa cultural del país por la que estamos pasando?

¡Nunca! Ahora somos testigos de un rompimiento completo de nuestras puertas y murallas; un ataque de juicios divinos contra una nación que ha contristado a Dios.

¿Qué de la Iglesia? ¿Qué será del remanente santo y arrepentido? ¿Qué le pasará al pueblo de Dios cuando llegue el juicio con toda su fuerza? ¿Cómo sobrevivirán los escogidos?

He consultado a Dios sobre esto. Le he preguntado: "Señor: ¿Podré soportar el sufrimiento y las dificultades, mientras el temor presiona por todos lados? Me siento tan débil. ¡No quiero fracasar como tantos otros!"

Esta fue la respuesta que me dio: "David, todavía no puedes soportar, pero cuando se desate el juicio en todo su furor, tendrás la gracia y la fortaleza que necesites para pasar victorioso. ¡Cuando las necesites, te las daré!"

Si en la prosperidad se humilla usted, se arrepiente y se vuelve al Señor de todo corazón, entonces en los tiempos de conflicto recibirá doble porción de la fortaleza de Dios. El Cristo que lo llamó a usted en la prosperidad lo ocultará en tiempos de juicio.

En el juicio, ¡el pueblo del Señor se regocijará en la fidelidad de Dios!

Mientras juzga a los malvados, el Señor será nuestro refugio. "E invócame en el día de la angustia; te libraré" (Salmo 50:15). "El juzgará al mundo con justicia, y a los pueblos con rectitud. Jehová será refugio del pobre, refugio para el tiempo de angustia. En ti confiarán los que conocen tu nombre, por cuanto tú, oh Jehová, no desamparaste a los que te buscaron" (Salmo 9:8-10).

Entonces, ¿qué si tenemos que ir a la cárcel? El amado pastor chino Gu pasó más de veinte años en una prisión comunista sin un libro ni la Biblia, pero ¡Jesucristo se le apareció cada día y le enseñó la Palabra! Y en la cárcel fue donde el apóstol Pablo escribió las epístolas.

¿Qué si perdemos el empleo, el dinero, la casa o el apartamento? Entonces seremos sustentados por el Espíritu Santo y Jesucristo nos ayudará. El dijo: "No os afanéis por vuestra vida, qué habéis de comer o qué habéis de beber; ni por vuestro cuerpo, qué habéis de vestir. . .Mirad las aves del cielo. . .vuestro Padre celestial las alimenta. ¿No valéis vosotros mucho más que ellas?" (Mateo 6:25, 26).

Viviremos como Israel de milagros y maná. Nos acostaremos en paz y nuestro sueño será dulce. Seremos evangelistas como los Doce y la Iglesia Primitiva. Compartiremos entre nosotros lo que tengamos y ¡será algo glorioso!

Durante cuarenta años nuestro Dios sustentó a centenares de miles de su pueblo en el desierto. En esa época no tenían empleos, ingresos, tiendas, centros comerciales, carros, casas o apartamentos, cuentas bancarias, ropa nueva, acciones de capital, aire acondicionado, calentadores, refrigeradores, congeladores, hornos, electricidad, plomería, despensas, armas, lugares para vacaciones en las montañas, médicos, hospitales ni medicina.

Siempre estuvieron rodeados de serpientes, animales salvajes y enemigos feroces, sometidos de continuo a cambios rigurosos de calor y frío y la escasez del agua, y todo lo que tenían de abrigo eran unas débiles tiendas de campaña.

No obstante, Dios los llevó en sus brazos como a infantes. Moisés dijo: "Pues Jehová tu Dios te ha bendecido en toda obra de tus manos; él sabe que andas por este gran desierto; estos cuarenta años Jehová tu Dios ha estado contigo, y *nada te ha faltado*" (Deuteronomio 2:7). Y acerca de nuestros hijos, El ha prometido: "A vuestros niños, de los cuales dijisteis que serían por presa, yo los introduciré, y ellos conocerán la tierra" (Números 14:31).

¡El es hoy el mismo que era entonces: Un Dios fiel!

17

El último avivamiento

La Iglesia del Nuevo Testamento nació rodeada de gloria. El Espíritu Santo descendió sobre ella con fuego, y los primeros creyentes en Cristo hablaban en lenguas y profetizaban. Tenían el poder de convicción y multitudes se convertían. Trabajaban mucho y aumentaban en gran número. El temor de Dios cayó sobre ellos y todos los que los veían. Había señales, maravillas y milagros. Los muertos resucitaban. Los evangelistas iban sin temor a todas partes predicando la Palabra. Las cárceles no podían contenerlos. Las tempestades no podían ahogarlos. Cuando les embargaban sus posesiones seguían regocijándose. Cuando los apedreaban, colgaban, quemaban o crucificaban, morían cantando y alabando a Dios. Era una Iglesia triunfante, sin temor a Satanás, irreverente con los ídolos, inconmovible ante las plagas o la persecución. Era una Iglesia lavada en la sangre, que vivía y moría en victoria.

¿Cómo será la Iglesia de la última hora? ¿Cómo saldrá la Iglesia en su hora final? ¿Saldrá como una Iglesia egoísta, próspera y gorda, contando cabezas y votos? ¿Será sólo un grupito de creyentes verdaderos sosteniéndose firmes, mientras la muerte y la apostasía carcomen la Iglesia como un cáncer? ¿Vivirá la Iglesia de los últimos días en temor mientras el SIDA y otras plagas atacan a las multitudes? ¿Cada vez menos personas vencerán al mundo? ¿Dejarán la frialdad y la apostasía a la Iglesia débil, burlada y sin poder? ¿Saldrá la Iglesia de esta edad llena de hipocresía, con muchas reuniones de alabanza, adoración y oración donde las manos y corazones impuros ofrecen un fuego extraño?

Es cierto que habrá un gran debilitamiento o apostasía. Habrá adulterio espiritual por todos lados. Por la abundancia del pecado, el amor de muchos se enfriará. Vendrán engañadores, enseñando doctrinas de demonios. La gente tendrá comezón de oídos y se congregarán para oír una predicación blanda. Los engaños serán tan malos que aun los elegidos tendrán pruebas severas.

Sin embargo, la Iglesia de Jesucristo no saldrá con lloriqueos ni cojeras. Saldrá victoriosa, con gozo inefable y en plena paz. Saldrá libre de toda esclavitud, con un pie sobre la nuca de Satanás. Todos los que componen esa Iglesia verdadera vivirán y morirán sin temor. Se quebrantará el poder del tentador. Los creyentes serán santos y destruirán los ídolos. Serán tan fuertes en el Señor como los primeros creyentes.

¿Habrá una gran congregación antes de la venida de Jesucristo? ¿Podemos esperar que veremos un último derramamiento poderoso del Espíritu, mayor que cualquier otro de la historia? ¿No se dice que sólo el remanente irá con Cristo? ¿No profetizó Joel "al remanente que el Señor llamará"? ¿No es verdad que en la actualidad sólo un pequeño remanente quiere oír acerca de la santidad? Necesitamos entender lo que es "un remanente". Es verdad que será sólo un porcentaje pequeño de los varios miles de millones de personas que hay en la tierra, pero sólo un diez por ciento de la ciudad de Nueva York sería más de un millón de vencedores. El remanente también significa "lo que queda del original". Las costureras y sastres saben que un recorte o remanente es un pedazo del paño original. Una Iglesia remanente es la que tiene las mismas características de la Iglesia original del Nuevo Testamento.

Viene un gran avivamiento de justicia

Quiero hacer una declaración con la mayor autoridad espiritual posible; la hago respaldado por un pacto tan seguro como el de Noé. Habrá un avivamiento final, de última hora que brotará por todos lados. Sion tendrá dolores de parto y se le darán muchísimos hijos. Habrá muchos cantos y gritos y Sion dirá: "¿De dónde han venido todos estos?" Será un avivamiento de justicia.

Durante muchos años he oído a los predicadores tradicionales hablar de un último avivamiento. Un amigo muy querido lo ha predicado por más de sesenta años. Ahora los predicadores jóvenes oran por un avivamiento; quieren ver a Dios obrar en estos días, no sólo leer acerca de ello en los libros. No basta con predicar solamente sobre los avivamientos del pasado. ¿Por qué orar por el avivamiento y buscarlo si no se promete en la Biblia? Si la Biblia dice que ya no tenemos esperanza, sólo prediquemos y evangelicemos sin preocuparnos de los resultados; pero si es verdad que se promete un avivamiento en la Biblia, los creyentes en Cristo necesitamos verlo, asirnos de él y orar con fe sabiendo que Dios ha prometido realizarlo. ¿Está en la Palabra? La promesa se encuentra en Isaías 54. Este es uno de los capítulos más importantes de la Palabra de Dios para esta generación. Se nos dice allí con claridad lo que Dios piensa hacer con su Iglesia, su pueblo, en los días postreros. Este capítulo es una profecía de lo que ocurrirá en nuestra Iglesia local y en todo lugar donde haya corazones dispuestos. Ocurrirá en Rusia, China, en toda la tierra continental y en las islas del mar, desde el polo norte hasta el polo sur.

La Iglesia conocerá un derramamiento inmerecido de amor, misericordia y bondad. Vendrá en un tiempo de gran aflicción, como una tempestad, con ansiedad por todos lados, cuando la sociedad se vea sacudida. Dios promete que se revela con gran bondad: "Pero con misericordia eterna tendré compasión de ti, dijo Jehová tu Redentor. . . No se apartará de ti mi misericordia, ni el pacto de mi paz se quebrantará, dijo Jehová, el que tiene misericordia de ti" (Isaías 54:8,10). Lo que Dios dice a la Iglesia, también lo dice a cada uno de los creyentes. Dios llama a la Iglesia "pobrecita, fatigada con tempestad, sin consuelo" (Isaías 54:11). ¿Es esa su situación? ¿Está pasando usted por una perturbación violenta y repentina? Esto también incluye la economía y la alarmante situación mundial.

Dios tendrá un pueblo vencedor

La mayor preocupación de Dios es por los que en cualquier tiempo han sido sus amados, aun los descarriados y los vencidos por una tormenta de tentación violenta y repentina. Su promesa es para los que ahora mismo se encuentran en gran aflicción, fatigados en la tempestad de la vida, sin consuelo, desesperados, indefensos y perdidos. Dios atraerá hacia sí un pueblo abandonado y descarriado. "Porque tu marido es tu Hacedor; Jehová de los ejércitos es su nombre; y tu Redentor, el Santo de Israel; Dios de toda la tierra será llamado. Porque como a mujer abandonada y triste de espíritu te llamó Jehová, y como a la esposa de la juventud que es repudiada, dijo el Dios tuyo. Por un breve momento te abandoné, pero te recogeré con grandes misericordias. Con un poco de ira escondí mi rostro de ti por un momento; pero con misericordia eterna tendré compasión de ti, dijo Jehová tu Redentor" (Isaías 54:5-8).

Algunos podrían decir que se trata de los judíos, del Israel carnal, pero la Palabra prueba lo contrario, pues Pablo llama a este capítulo una alegoría o representación simbólica (véase Gálatas 4:22-31). Esto se refiere a la Jerusalén de arriba. Si estas promesas fueran para los judíos, nunca se cumplieron. Unos 42.000 salieron del cautiverio de Babilonia y se multiplicaron hasta llegar a poco menos de tres millones en la época de Cristo. No se cumplió en ellos la profecía de Isaías 54:3: "Te extenderás a la mano derecha y a la mano izquierda." Esta profecía es para la Iglesia de los últimos días; una Iglesia que El abandonó por un momento.

¿A quién repudió y abandonó por un poco de tiempo? ¿De quién se escondió con un poco de ira? Podemos estar seguros de que Dios no se separa sin razón. ¿Qué podría hacerle ocultar su rostro? "Vuestras iniquidades han hecho división entre vosotros y vuestro Dios, y vuestros pecados han hecho ocultar de vosotros su rostro para no oír" (Isaías 59:2). Dios no se ha divorciado de la Iglesia transigente actual, pero ha tenido que ocultar su rostro de ella. Ella ha dejado a su Amado. "Así dijo Jehová: ¿Qué es de la carta de repudio de vuestra madre, con la cual yo la repudié? ¿O quiénes son mis acreedores, a quienes yo os he vendido? He aquí que por vuestras maldades sois vendidos, y por vuestras rebeliones fue repudiada vuestra madre" (Isaías 50:1).

En otras palabras, Dios dijo: "Tú me dejaste. Tenías

otros amantes. Fuiste infiel; cometiste adulterio. Yo no te dejé; tú me dejaste. Tuve que repudiarte porque te vendiste a la prostitución." La Iglesia corrió a Babilonia, pero todavía no está divorciada, pues Dios dice: "¡Muéstrame los papeles de compra por los cuales te vendí al diablo!" Es como si Dios dijera: "No vivimos juntos, pero el divorcio no es final. Todavía hay esperanza en el matrimonio. ¡Aun te amo! Tú me dejaste, pero llamé con insistencia, y no quisiste escuchar." "¿Por qué cuando vine, no hallé a nadie, y cuando llamé, nadie respondió?" (Isaías 50:2).

A esa prostituta, esposa vagabunda, descarriada y corrompida por el pecado, Dios le promete: "Te voy a pedir que vuelvas." "Porque así dice Jehová: De balde fuisteis vendidos; por tanto, sin dinero seréis rescatados" (Isaías 52:3). Y otra vez: "Porque como a mujer abandonada y triste de espíritu te llamó Jehová" (Isaías 54:6). Ya resuena ese llamado final: "Te recogeré con grandes misericordias" (Isaías 54:7).

Muchos pecadores serán salvos

Primero, El llamará a los malos que nunca lo conocieron. "He aquí que yo lo di por testigo a los pueblos, por jefe y por maestro a las naciones. He aquí, llamarás a gente que no conociste, y gentes que no te conocieron correrán a ti, por causa de Jehová tu Dios, y del Santo de Israel que te ha honrado. Buscad a Jehová mientras puede ser hallado, llamadle en tanto que está cercano. Deje el impío su camino, y el hombre inicuo sus pensamientos, y vuélvase a Jehová, el cual tendrá de él misericordia, y al Dios nuestro, el cual será amplio en perdonar" (Isaías 55:4-7).

Esto ocurrió en la Iglesia del Nuevo Testamento

cuando los gentiles acudieron a Cristo. Ellos vieron la luz y respondieron pero, una vez más, en el último avivamiento de misericordia y bondad, los malos van a oír. Multitudes acudirán a Dios. Abandonarán sus malos caminos e invocarán al Señor. Los que lo rechacen blasfemarán y se violentarán.

Segundo, Él les va a ofrecer consuelo, sanidad y restauración a todos los que lo dejaron. "He visto sus caminos; pero le sanaré, y le pastorearé, y le daré consuelo a él y a sus enlutados" (Isaías 57:18). Isaías debe haberse sentido muy contento de dar ese mensaje. Recordemos que su comisión era: "Engruesa el corazón de este pueblo, y agrava sus oídos, y ciega sus ojos, para que no vea con sus ojos, ni oiga con sus oídos, ni su corazón entienda, ni se convierta, y haya para él sanidad" (Isaías 6:10). Ahora dice Dios: "Por mi nombre, perdonaré a esta esposa corrompida y le pediré que vuelva."

"Yo, yo soy el que borro tus rebeliones por amor de mí mismo, y no me acordaré de tus pecados" (Isaías 43:25). Pensemos en los millones de creyentes descarriados en todo el mundo. En nuestras reuniones en las calles la mitad de los que se convierten son personas descarriadas que dejaron a Dios. Lo mismo pasa en nuestra Iglesia local. ¡Qué avivamiento tan grande será cuando multitudes de creyentes descarriados vuelvan a Dios! Los predicadores descarriados serán atraídos, y se convertirán en los santos de Sion. Los niños esclavizados por las drogas, el alcohol, el sexo, la duda y el temor oirán el llamado de Dios y multitudes volverán. Él llamará a los adictos, alcohólicos, prostitutas, homosexuales, víctimas del SIDA y a los pobres descarriados.

¿Su derramamiento de misericordia pasará por alto el pecado? Nunca. Los que dejaron a Dios son personas que antes probaron la bondad del Espíritu

Santo. Una vez lo conocieron. El Señor enviará al Espíritu Santo, su mensajero, con un mensaje de amor, para hacerles recordar; para que vuelvan a su mente todas sus palabras amables y recuerden cuan hermosa había sido su relación; para que piensen que antes El los protegió, amó y bendijo. "Y derramaré sobre la casa de David, y sobre los moradores de Jerusalén, espíritu de gracia y de oración; y mirarán a mí, a quien traspasaron, y llorarán como se llora por hijo unigénito, afligiéndose por él como quien se aflige por el primogénito" (Zacarías 12:10).

La Iglesia es la casa de David, y los creyentes en Cristo somos la Jerusalén de arriba. ¡Pensemos en ello! Dios ha prometido derramar el Espíritu de gracia y oración. Muchos se afligirán por El (inclusive los judíos) al ver que sus pecados lo han avergonzado en público al crucificarlo de nuevo. Sufrirán amarguras y se lamentarán. Esto se refiere al ministerio del Cristo que vendría de quien Zacarías profetizó, pero también al Espíritu que Dios enviará a su Iglesia de la última hora, que producirá un gran lamento por el pecado y un avivamiento de arrepentimiento. Podemos predicar mensajes poderosos y fuertes contra el pecado; podemos tocar la trompeta para advertir a la gente, pero sólo la obra soberana del Espíritu Santo puede causar las lágrimas y el luto por el pecado. Y El ha prometido hacer exactamente eso.

Una Iglesia estéril va a tener dolores de parto y va a dar a luz a muchos hijos

"Regocíjate, oh estéril, la que no daba a luz; levanta canción y da voces de júbilo, la que nunca estuvo de parto; porque más son los hijos de la desamparada que los de la casada, ha dicho Jehová. Ensancha el

sitio de tu tienda, y las cortinas de tus habitaciones
sean extendidas; no seas escasa; alarga tus cuerdas,
y refuerza tus estacas. Porque te extenderás a la mano
derecha y a la mano izquierda; y tu descendencia
heredará naciones, y habitará las ciudades asoladas"
(Isaías 54:1-3). Algunos dirán que la Iglesia de los
días postreros no es estéril. Indicarán todas las iglesias enormes, los ministerios y las multitudes que
asisten a seminarios, conferencias y conciertos, a los
que devoran libros religiosos, cintas y videos; pero
los que Dios llama hijos espirituales son muy diferentes de los que la Iglesia ha llamado hijos. Mientras
la Iglesia se enfoca en el crecimiento en números, la
influencia y el éxito, Pablo clama: "Hijitos míos, por
quienes vuelvo a sufrir dolores de parto, hasta que
Cristo sea formado en vosotros" (Gálatas 4:19). Pablo
diría: "No me digan cuántos asisten a su iglesia, ni
a sus funciones, cuánta literatura distribuyen ni
cuántas Biblias envían, ni cuántos testifican en las
calles; díganme más bien ¡cuántos se están formando
a imagen de Cristo! ¿Cuántos son puros?"

Amós profetizó a un pueblo de Dios que lo adoraba
con pecado en el corazón: "Aborrecí, abominé vuestras solemnidades, y no me complaceré en vuestras
asambleas. Y si me ofreciereis vuestros holocaustos
y vuestras ofrendas, no los recibiré, ni miraré a las
ofrendas de paz de vuestros animales engordados.
Quita de mí la multitud de tus cantares, pues no
escucharé las salmodias de tus instrumentos. Pero
corra el juicio como las aguas, y la justicia como
impetuoso arroyo" (Amós 5:21-24). Isaías al expresar
el mensaje de Dios dijo: "El incienso me es abomi-
nación. . . son iniquidad vuestras fiestas solemnes. . .
las tiene aborrecidas mi alma; me son gravosas; cansado estoy de soportarlas. Cuando extendáis vuestras
manos, yo esconderé de vosotros mis ojos; asimismo

cuando multipliquéis la oración, yo no oiré. . . Lavaos y limpiaos; quitad la iniquidad de vuestras obras de delante de mis ojos; dejad de hacer lo malo" (Isaías 1:13-16).

Algunos se enorgullecen de que estamos en avivamiento, que el mensaje de la prosperidad que llena los auditorios es Palabra de Dios, y que nacen muchos hijos espirituales. Creo que Dios considera los últimos veinte años como de escasez de la Palabra, como años que el gusano destructor ha devorado, de egoísmo, cuando los extraños han sido exaltados en la casa de Dios, años de música diabólica, predicadores engreídos, de locura del dinero, edificación de imperios y poca profundidad. "Contra Jehová prevaricaron, porque han engendrado hijos extraños" (Oseas 5:7). "Te planté de vid escogida, simiente verdadera toda ella; ¿cómo, pues, te me has vuelto sarmiento de vid extraña?" (Jeremías 2:21).

Muchos creyentes se han vuelto infructíferos al sentarse en una Iglesia estéril a escuchar a un pastor improductivo y sin unción de Dios. Han sufrido de inanición espiritual por no tener autoridad espiritual. Las familias sufren; los niños se descarrían; los matrimonios se separan. Fueron a una Iglesia a la cual le habían nacido hijos como Ismael, el cual es símbolo de la carne. Aunque Abraham oró: "Oh, que Ismael pueda estar delante de ti," Dios dijo: "Echa fuera a la esclava y a su hijo, porque no heredará el hijo de la esclava con el hijo de la libre" (Gálatas 4:30). Hay muchos como Ismael nacidos en las iglesias actuales; creyentes esclavizados por la carne, que se dicen herederos de la justicia.

Dios va a limpiar, sanar y abrazar a su esposa y dar a la Iglesia hijos verdaderos como Isaac, conforme a su corazón. "Regocíjate, oh estéril, la que no daba a luz; levanta canción y da voces de júbilo, la que nunca estuvo de parto; porque más son los hijos de la desamparada que los de la casada, ha dicho Jehová" (Isaías 54:1). Dios no habla sólo de cambiar de gente, vaciando las casas de Ismael y dando las multitudes a los justos. Es algo más profundo que multitudes, números y éxito. Dios va a hacer el censo, no el hombre. "¿Daré por inocente al que tiene balanza falsa y bolsa de pesas engañosas?" (Miqueas 6:11). "Jehová contará al inscribir a los pueblos: Este nació allí" (Salmo 87:6). Uno puede ver una gran multitud de creyentes, tal vez millares, y quizá estén alabando a Dios con manos levantados cantando muy alto, pero Dios lleva la estadística. El sabe quien es santo y los que lamentan por el pecado. Tal vez tenga unos pocos allí, nacidos de Sion. A Dios no le impresionan las multitudes, pues los músicos paganos atraen las más numerosas.

Dios promete que la santa Sion va a dar a luz más hijos que la casa de Ismael. Esta es su promesa firme de una gran congregación. "Ensancha. . . no seas escasa; alarga. . . refuerza. . . te extenderás a la mano derecha y a la mano izquierda" (Isaías 54:2, 3). Dios va a quitar la vergüenza y el oprobio de su Iglesia. "No temas, pues no serás confundida; y no te avergüences, porque no serás afrentada, sino que te olvidarás de la vergüenza de tu juventud, y de la afrenta de tu viudez no tendrás más memoria" (Isaías 54:4).

¿Qué son esa vergüenza y ese oprobio? Son la falta de autoridad espiritual sobre los poderes de Satanás. Cuando Ezequías estaba rodeado de los malvados asirios dijo: "Día de angustia, de reprensión [vergüenza] y de blasfemia es este día; porque los hijos han llegado hasta el punto de nacer, y la que da a luz no tiene fuerzas" (Isaías 37:3). Allí estaba el enemigo derramando insultos a los israelitas, burlándose de su debilidad y blasfemando de su Dios. Esto es un tipo de lo que hemos visto en la obra cristiana: Dolores de parto, pero sin nacimiento. Parece que el diablo se burla de nuestros esfuerzos. Se ha burlado de la Iglesia y la ha ridiculizado por su debilidad. ¿Cuántos creyentes saben lo que significa ser casi victorioso? Y Satanás se ríe, pero Dios promete: "Quitaré esa vergüenza. Darás a luz. De tu vientre saldrá un ejército victorioso."

El oprobio de la Iglesia es su impotencia ante los gigantes enemigos. David preguntó: "¿Qué harán al hombre que venciere a este filisteo, y quitare el oprobio de Israel? Porque ¿quién es este filisteo incircunciso, para que provoque a los escuadrones del Dios viviente?" (1 Samuel 17:26). Era un oprobio estar arrinconado y acobardado por el enemigo. Era vergüenza y oprobio ver al pueblo de Dios revolcándose de miedo. Sin embargo, Dios ha prometido hacer nacer hijos sin esa vergüenza y oprobio. Ellos tumbarán a los enemigos como Goliat. Darán gloria y honor a su nombre. No existirá más la vergüenza causada por el ocultarse ni la huida.

Esos hijos nacen sólo del vientre fiel y consagrado de una esposa íntima y amante. Esa esposa volvió porque estaba afligida en espíritu, asolada, sola y ansiosa de regresar a su Señor. Ahora está adornada con justicia (véase Isaías 54:13, 14). No hay doctrinas falsas ni temor en tal Iglesia, sino mucha paz y confianza ante el terror que la rodea.

Este último avivamiento vendrá porque Dios se apiada de su propio nombre. El santificará su nombre ante todo el mundo. Permítame compartir con usted una gran profecía de Ezequiel: "Pero he tenido dolor al ver mi santo nombre profanado por la casa de Israel entre las naciones adonde fueron. Por tanto, di a la casa de Israel: Así ha dicho Jehová el Señor: No lo hago por vosotros, oh casa de Israel, sino por causa de mi santo nombre, el cual profanasteis vosotros entre las naciones adonde habéis llegado. Y santificaré mi grande nombre, profanado entre las naciones, el cual profanasteis vosotros en medio de ellas; y sabrán las naciones que yo soy Jehová, dice Jehová el Señor, cuando sea santificado en vosotros delante de sus ojos" (Ezequiel 36:21-23).

Creo que Dios todavía tiene un pacto futuro para los judíos, pero los profetas vieron nuestros días y todas estas profecías tienen una aplicación doble. Ya está ocurriendo un avivamiento inmerecido de santidad; una última congregación de un remanente puro. La razón es que Dios ha decidido cerrar las edades con una exaltación poderosa de su nombre. ¡Qué despliegue tan grande de poder será!

18

Destrucción repentina, como los dolores a la mujer encinta

"Pero acerca de los tiempos y de las ocasiones, no tenéis necesidad, hermanos, de que yo os escriba. Porque vosotros sabéis perfectamente que el día del Señor vendrá así como ladrón en la noche; que cuando digan: Paz y seguridad, entonces vendrá sobre ellos destrucción repentina, como los dolores a la mujer encinta, y no escaparán" (1 Tesalonicenses 5:1-3).

Los juicios de Dios golpean de repente, pero no sin aviso. Dios prometió que no haría nada, inclusive el enviar juicio, sin decirles a sus profetas lo que vendría. "Porque no hará nada Jehová el Señor, sin que revele su secreto a sus siervos los profetas. Si el león ruge, ¿quién no temerá? Si habla Jehová el Señor, ¿quién no profetizará?" (Amós 3:7,8). Dios promete que sonará una trompeta, Dios rugirá como un león, para despertar a la gente antes del juicio. "Y Jehová será visto sobre ellos, y su dardo saldrá como relámpago; y Jehová el Señor tocará trompeta" (Zacarías 9:14).

"Cercano está el día grande de Jehová, cercano y muy próximo; es amarga la voz del día de Jehová;

gritará allí el valiente. Día de ira aquel día, día de angustia y de aprieto, día de alboroto y de asolamiento, día de tiniebla y de oscuridad, día de nublado y de entenebrecimiento, día de trompeta y de algazara sobre las ciudades fortificadas, y sobre las altas torres. Y atribularé a los hombres, y andarán como ciegos, porque pecaron contra Jehová; y la sangre de ellos será derramada como polvo, y su carne como estiércol. Ni su plata ni su oro podrá librarlos en el día de la ira de Jehová, pues toda la tierra será consumida con el fuego de su celo; porque ciertamente destrucción apresurada hará de todos los habitantes de la tierra" (Sofonías 1:14-18).

¡He aquí una profecía de una destrucción repentina por fuego, un día de angustia y gran aflicción, de oscuridad y tinieblas! Pero también es "un día de trompeta y alarma". En Oseas 8:1 dice: "Pon a tu boca trompeta." Este fue el versículo que Dios me dio cuando escribí *Toque de trompeta en Sion.* La trompeta significa la voz de aviso. El Señor dice en Ezequiel 33:2-4: "Cuando trajere yo espada sobre la tierra, y el pueblo de la tierra tomare un hombre de su territorio y lo pusiere por atalaya, y él viere venir la espada sobre la tierra, y tocare trompeta y avisare al pueblo, cualquiera que oyere el sonido de la trompeta y no se apercibiere, y viniendo la espada lo hiriere, su sangre será sobre su cabeza."

Dios toca la trompeta por medio de la voz de sus vigilantes y profetas. La trompeta es entonces un aviso o sonido reverberante. Pablo advirtió: "He aquí, os digo un misterio: No todos dormiremos; pero todos seremos transformados, en un momento, en un abrir y cerrar de ojos, a la final trompeta; porque se tocará la trompeta, y los muertos serán resucitados incorruptibles, y nosotros seremos transformados" (1 Corintios 15:51, 52). "A la final trompeta" sugiere que habrá otros sonidos de trompeta. Creo que habrá trompetas angélicas que anuncien su venida, pero también que esto significa que poco antes de ese cambio que vendrá "en un abrir y cerrar de ojos" el Espíritu Santo tendrá a todos sus vigías en sus puestos, frente a frente, dando la última llamada, la advertencia final. Dentro de horas o segundos, el cambio repentino ocurrirá.

Noé tocó la trompeta final a su sociedad condenada en el segundo mes y el día diecisiete. Dios señala el día exacto. Durante ciento veinte años tuvo la trompeta contra sus labios, advirtiendo y rogando. Entonces, en la noche del dieciséis, del segundo mes, Dios lo encerró con su familia en el arca, diciéndole: "¡Esta noche es la última trompeta! ¡Mañana la madre Tierra traerá el juicio!" ¡Vino el diecisiete del mes! "El año seiscientos de la vida de Noé, en el mes segundo, a los diecisiete días del mes, aquel día fueron rotas todas las fuentes del grande abismo, y las cataratas de los cielos fueron abiertas" (Génesis 7:11).

Con razón Pablo escribió estas palabras a la iglesia de Tesalónica: "Pero acerca de los tiempos y de las ocasiones, no tenéis necesidad, hermanos, de que yo os escriba. Porque vosotros sabéis perfectamente que el día del Señor vendrá así como ladrón en la noche" (1 Tesalonicenses 5:1, 2). ¿Por qué sería perfectamente claro para ellos que el día de juicio de Dios vendría de repente? La iglesia de Tesalónica tenía unos seis meses de edad cuando recibió esa carta. Probablemente Pablo, Silvano y Timoteo habían predicado acerca de Noé y Lot y la destrucción repentina de Israel. Todos ellos tenían los mismos ejemplos del Antiguo Testamento que tenemos nosotros. Tenían a los profetas. Esa carta se escribió como en el año 52 o 53 d.C. ¡No habían pasado todavía más de veinte años desde la destrucción de Jerusalén, profetizada por Jesucristo! Pablo diría: "Está perfectamente claro que los juicios de Dios vienen de repente, como un ladrón en la noche. Sin embargo, ningún creyente debe ser tomado por sorpresa; aquel día no debe encontrar descuidado al pueblo de Dios. Debemos saber cómo obra Dios, porque tenemos su historia." Pablo procede entonces a advertirles de cómo serán las cosas antes de que venga el juicio y cómo actuar en tal hora.

El día del juicio vendrá cuando la sociedad se obsesione con la prosperidad y la seguridad

---

"Que cuando digan: Paz y seguridad, entonces vendrá sobre ellos destrucción repentina" (1 Tesalonicenses 5:3). La palabra griega que Pablo usa para "paz" es "eirene" que implica "prosperidad". La destrucción repentina está a punto de aparecer el día cuando la mente del hombre se enfoque en las riquezas. ¡La locura del dinero! ¡La avaricia y la acumulación de bienes! Jesucristo advirtió que será una ocasión cuando el corazón del hombre se detendrá por temor, al ver las cosas terribles que vienen sobre la tierra. Los hombres anhelarán algo cierto y seguro. No dice que será un tiempo de paz y seguridad, sólo que dirán: "Paz y seguridad." Será de lo que ellos hablarán. Su conversación será sobre dinero, cosas, inversiones y de cómo hallar un refugio seguro para sus posesiones.

Nunca antes en la historia universal los hombres han estado tan obsesionados por la búsqueda del dinero. ¡La prosperidad es el sueño de todos! El mercado de acciones de capital se ha convertido en un casino enorme. Millones de personas juegan al azar de la lotería, con la esperanza de enriquecerse de la noche a la mañana. ¿Por qué existe esa obsesión de enriquecimiento? ¡Porque todos saben que se acerca la tormenta! Todo el mundo espera con ansiedad aquel día cuando ocurra la gran quiebra financiera. Tratan de asegurarse contra ese tiempo terrible, y esperan sobrevivir a la tormenta.

La obsesión por la prosperidad ha corrompido aun a la Iglesia. ¡Cómo se habría entristecido Pablo si hubiera sabido que vendría el día cuando los ministros del evangelio cambiarían el pacto de Cristo en un pacto de dinero! La Iglesia era para el mundo un testimonio contra la avaricia y el materialismo, el amor a las cosas, el egoísmo, la acumulación de bienes y la codicia; pero ahora el mundo ve en la Iglesia su mayor competidor por la buena vida. El mundo se ríe y burla de los cristianos que desprecian los sufrimientos de Cristo y Pablo para deleitarse en las riquezas de este siglo.

El juicio sobre la casa de Dios, y después sobre toda la sociedad

La destrucción repentina puede significar algo más que un holocausto causado por una bomba de hidrógeno. Con un solo evento repentino, una sola catástrofe, el sueño del hombre se puede convertir en una pesadilla horrible. El juicio que ha caído tan de repente sobre la casa de Dios caerá también sobre la nación. La Iglesia tuvo un día un escándalo horrible. Nos sonrojamos al saber que un predicador del evangelio gastaba millones de dólares en carros de lujo, joyas, casas elegantes y vinos caros. Los impíos se reían y burlaban, y el nombre de Jesús se volvió un chiste y una sátira. Jesucristo fue la burla de los borrachos. Luego se le dijo a todo el mundo en una hora, un noticiero, que el que predicaba contra el pecado había sido hallado en pecado. En mi iglesia oí que la gente exclamaba con sorpresa:. "¡Dígame por favor que no es verdad!" Y ahora vemos la disolución aterradora de algunos ministerios. En medio de todo, estas palabras terribles son tan verdaderas: "Porque es tiempo de que el juicio comience por la casa de Dios" (1 Pedro 4:17).

¿Por qué nos sorprendemos? Hemos estado advirtiendo a los malos que el juicio está a las puertas, y debe comenzar en la casa de Dios. Dios deja que se burlen de su nombre sólo para despertar a la Iglesia y dar un último toque de trompeta al mundo. "Y si primero comienza por nosotros, ¿cuál será el fin de aquellos que no obedecen al evangelio de Dios? Y: Si el justo con dificultad se salva, ¿en dónde aparecerá el impío y el pecador?" (1 Pedro 4:17, 18).

Los juicios de Dios en su casa son tan repentinos y terribles, que los oídos de los hombres retiñen cuando los oyen. Cuando Dios juzgó la casa de Elí, dijo: "Haré yo una cosa en Israel, que a quien la oyere, le retiñirán ambos oídos. . . yo juzgaré su casa para siempre, por la iniquidad que él sabe" (1 Samuel 3:11, 13). Cuando Dios juzgó a Israel y la casa de Manasés por su corrupción, dijo: "Yo traigo tal mal sobre Jerusalén y sobre Judá, que al que lo oyere le retiñirán ambos oídos" (2 Reyes 21:12). Dios le dijo a Jeremías que tales juicios terribles caerían pronto sobre la casa de Israel: "Tal que a todo el que lo oyere, le retiñan los oídos" (Jeremías 19:3). "Retiñir los oídos" significa en hebreo "oír en los oídos el sonido como de cascabel que los pone rojos de vergüenza." ¡Aun los malvados mostrarán su sonrojo hasta en las orejas!

Si Dios hace retiñir los oídos de esta nación por lo

que ven y oyen de su juicio sobre la Iglesia, ¿qué clase de juicios repentinos y terribles caerán sobre esta sociedad? Los medios de comunicación en masa de esta nación se han deleitado en burlarse de la religión. Han hecho que la nación desconfíe de toda la predicación de santidad, diciendo que todos los ministros del evangelio son charlatanes y criminales. En las cantinas bulliciosas se ríen y brindan: "¡A la salud de todos los predicadores de infierno y fuego!"

Sin embargo, bueno será que saquen provecho de eso porque todo va a cambiar de la noche a la mañana. Dios hace retiñir los oídos del mundo ahora porque a la sociedad, al país, a nuestro gobierno y las instituciones financieras les toca el próximo turno. La palabra "destrucción" como se usa aquí se refiere a la ruina y la muerte repentinas. El juicio en la casa de Dios es un disparo de cañón que Dios hace sobre el barco del estado como advertencia. ¡Pronto ordenará un tiro directo! Los hombres no querrán oír y se taparán los oídos. ¡Las noticias serán tan increíbles y desagradables!

La destrucción vendrá repentina como los dolores a la mujer encinta.

Esta es la Palabra inspirada de Dios; y se escogió con cuidado cada palabra. La destrucción viene de repente como los dolores de parto a un mujer a punto de dar a luz un hijo. La mujer aquí representa a la sociedad impía, mala y perdida, a punto de dar a luz un monstruo. El juicio viene de su propio vientre. Tan cierto como que una mujer embarazada no puede ocultar su preñez, los juicios inminentes deben ser evidentes a todos. Una mujer tiene nueve meses de preparación. Los juicios vendrán como dolores de parto. Cuando el momento del nacimiento se acerca los dolores aumentan en número e intensidad. Pueden venir cada hora, cada media hora y después cada diez minutos. Llevan a la mujer a un hospital y los dolores siguen aumentando. De repente, los dolores de parto son constantes. La aplicación espiritual es que la destrucción final comenzará con avisos dolorosos que se intensificarán y acelerarán.

¡Yo creo que nuestro país ya está en camino a la sala de partos! ¿No retiñeron los oídos de todo el mundo cuando la nave espacial Challenger explotó en el cielo? ¡El mundo miró con horror que cinco astronautas se precipitaban indefensos hacia la tierra! Un dolor de parto como advertencia. Luego, cerca de ese dolor, otro: Centenares de soldados murieron en un ataque repentino en Líbano, sin previo aviso. Lo presenciamos, sin poder hacer nada. Un avión cayó en Canadá y murieron todos sus ocupantes que eran soldados que venían de regreso a casa. ¡Vimos las lágrimas de nuestro Presidente! Los médicos alarmados declaran que el SIDA es una plaga en el país. Los cálculos de su expansión son aterradores. Las drogas han explotado en nuestra sociedad como otra plaga. Un maquinista drogado causó un accidente ferroviario trágico. El abuso de las drogas se extiende como la peste negra de siglos pasados. Las pandillas juveniles recorren las ciudades grandes matando, robando y asaltando; son esclavos de las drogas a los quince años de edad. ¿No retiñeron los oídos de toda la humanidad cuando la bolsa de valores casi se quiebra? Yo estaba allí aquel día de octubre. Un periódico de Nueva York puso el titular: "¡Pánico: DOW cae 508 puntos!" Pablo nos advierte que todo se va a intensificar y acelerar. Dios apresura ahora el paso de las aflicciones y tristezas.

El Espíritu Santo también toca la trompeta bastante

alto. La trompeta suena con más claridad y más presagios. Nunca hemos oído tantos avisos. Nunca hemos tenido más atalayas gritando desde el muro. En realidad, ha habido tantas advertencias que muchos del pueblo de Dios han puesto oídos sordos. La sociedad tiene dolores de parto, el juicio comienza, y ellos se vuelven a los ídolos y juguetes. Cristo dijo que debemos regocijarnos cuando veamos que ocurren todas estas cosas, pues eso significa que nuestra redención se acerca; pero ¿quiénes son los que pueden regocijarse en la víspera de la destrucción?

Es hora de vigilar y estar sobrios

Dios pide a su pueblo que vele y esté sobrio mientras el día de la destrucción se acerca. "Por tanto, no durmamos como los demás, sino velemos y seamos sobrios" (1 Tesalonicenses 5:6). Pablo exhorta a los hermanos: "Vosotros. . . no estáis en tinieblas. . . todos vosotros sois hijos de luz e hijos del día; no somos de la noche ni de las tinieblas" (1 Tesalonicenses 5:4, 5). Lo que dice en otras palabras es: "Lo que para el mundo es una noche trágica de tinieblas y destrucción, para ustedes que velan y son sobrios es el amanecer de un nuevo día. Este día de oscuridad y juicio de fuego no tiene nada que ver con nosotros." Como no somos de este mundo, no estamos destinados a las tinieblas y la destrucción, "porque no nos ha puesto Dios para ira, sino para alcanzar salvación por medio de nuestro Señor Jesucristo" (1 Tesalonicenses 5:9).

El aumento de los dolores de parto significa algo glorioso para la esposa de Cristo. Es una crisis más cerca del hogar. Para ellos es la cuenta descendente hacia la destrucción; para nosotros hacia la gloria.

Es la cita de ellos con la ira de Dios; es la nuestra con la resurrección. Ellos llorarán y rechinarán los dientes; nosotros nos gozaremos y gritaremos de alegría. Los hijos de esta densa oscuridad, esta noche de destrucción se embriagan y duermen: "Pues los que duermen, de noche duermen, y los que se embriagan, de noche se embriagan" (1 Tesalonicenses 5:7). "Nosotros, que somos del día, seamos sobrios" (versículo 8). Esto tiene que ver con cualquier clase de embriaguez terrenal. "Embriagarse" significa "excitar el espíritu humano a alto grado". Esta es una advertencia poderosa que nos hace el apóstol Pablo. El nos advirtió que no nos embriagáramos con las cosas terrenales en la víspera de la destrucción, ni nos entusiasmáramos demasiado por nada que no fuera Cristo.

Debemos estar ocupados hasta que Cristo venga. Debemos ser diligentes y proveer bien para nuestras familias, y en todo hacer lo mejor que podamos como para El; pero, sobre todo, debemos ser sobrios y vigilantes. La palabra "sobrio" significa aquí "discretos, capaces de discernir, cuidadosos". En otras palabras, no dejar que nada tome el control de nuestro corazón. Cuidemos de que las cosas de esta vida no nos involucren, entusiasmen o envuelvan demasiado. "Sed sobrios, y velad; porque vuestro adversario el diablo, como león rugiente, anda alrededor buscando a quien devorar; al cual resistid firmes en la fe" (1 Pedro 5:8, 9).

¡Cuidado con la advertencia! Tal vez ahora mismo estemos bebiendo el vino de la distracción y la demasiada ocupación del diablo. La Biblia nos advierte que Satanás tratará de engañar, si fuera posible aun a los elegidos. A menudo me pregunto cómo sería posible eso. No por el adulterio, la fornicación, el orgullo y los malos hábitos, sino al dejar que algo bueno y que valga la pena se apodere del corazón y al usar lo que es legítimo para obsesionar el corazón y consumir todo nuestro tiempo.

Según las Escrituras, el pueblo de Dios debe esperar con anhelo la llegada de ese día de destrucción repentina: "Pero el día del Señor vendrá como ladrón en la noche; en el cual los cielos pasarán con grande estruendo, y los elementos ardiendo serán deshechos, y la tierra y las obras que en ella hay serán quemadas. Puesto que todas estas cosas han de ser deshechas, ¡cómo no debéis vosotros andar en santa y piadosa manera de vivir, esperando y apresurándoos para la venida del día de Dios, en el cual los cielos, encendiéndose, serán deshechos, y los elementos siendo quemados, se fundirán! Pero nosotros esperamos, según sus promesas, cielos nuevos y tierra nueva, en los cuales mora la justicia. Por lo cual, oh amados, estando en espera de estas cosas, procurad con diligencia ser hallados por él sin mancha e irreprensibles, en paz. . . Así que vosotros, oh amados, sabiéndolo de antemano, guardaos, no sea que arrastrados por el error de los inicuos, caigáis de vuestra firmeza" (2 Pedro 3:10-14, 17). Debemos esperar ansiosos ese día de quema, porque se debe purgar está antigua tierra maldecida por el pecado para producir el cielo y la tierra nuevos donde more su justicia.

Tiempo para estar agitados

Esta no es una época para establecerse en una vida de reposo. No es tiempo para descansar en Sion. Debemos vivir en un estado de agitación. "Acontecerá en aquel tiempo [antes del juicio] que yo escudriñaré a Jerusalén con linterna, y castigaré a los hombres que reposan tranquilos como el vino asentado, los cuales dicen en su corazón: Jehová ni hará bien ni hará mal" (Sofonías 1:12). Se refiere esto a las personas despreocupadas. Muchos creyentes no han querido que los agite el Espíritu Santo; ahora se sientan, pasan el tiempo tranquilos y dejan que todo lo malo se asiente en su corazón. Algunos han salido de nuestra iglesia porque es demasiado intensa, pues hay demasiada agitación del corazón. El sedimento vuelve a flotar. Se han ido en busca de un lugar donde no haya agitación, y dicen: "No puedo resistir la presión y la predicación fuerte. Es demasiado escudriñamiento del corazón y demasiada conmoción de la conciencia."

Le digo a usted que una iglesia verdadera del Espíritu Santo será la linterna de Dios, que busca por toda la ciudad, incomodando mucho a los que reposan tranquilos. La Palabra de Dios llama esto el ser "vaciado de vasija en vasija" en Jeremías 48:11: "Quieto estuvo Moab desde su juventud, y sobre su sedimento ha estado reposando, y no fue vaciado de vasija en vasija, ni nunca estuvo en cautiverio; por tanto, quedó su sabor en él, y su olor no se ha cambiado." Esas personas no quisieron participar. Prefirieron la tranquilidad, la paz y la prosperidad sin perturbaciones; rehusaron el examen de conciencia, la convicción de pecado y la agitación del Espíritu.

Si supiéramos cuan cerca estamos del regreso de nuestro Señor y de los juicios de fuego, daríamos gracias a Dios por agitarnos. Seríamos vaciados en todas las reuniones de la iglesia para quitar los sedimentos. Agradeceríamos a Dios que nos manda pastores del evangelio que nos estimulen continuamente a andar en justicia y que inunden nuestra alma con la Palabra de verdad que persuade y penetra. El día del juicio, estaremos eternamente agradecidos con Dios por despertarnos con los mensajes de trompeta que nos llevan al arrepentimiento y el verdadero temor reverente de Dios.

Si andamos en el Espíritu, dejamos que Jesucristo le ponga el hacha a toda raíz que nos ate a esta tierra. "Ya también el hacha está puesta a la raíz de los árboles" (Lucas 3:9). Esta fue una poderosa declaración profética de Juan el Bautista. Vio la destrucción de Jerusalén que estaba cerca. Los días de Israel estaban contados; ¡Dios los cortaría! Esto es también una imagen del creyente de los últimos días que arranca las raíces del mal.

Mi equipaje está empacado; estoy listo y ansioso de ver a Jesucristo cara a cara. Me estoy separando de este mundo. Resistir la tentación de las riquezas en esta sociedad materialista es una batalla diaria, pero todo este mundo debe ser para nosotros como basura. Pablo tenía mucha razón.

¡Qué maravilloso es saber que no tenemos que temer los días horribles de ira e indignación que están por venir! Ya sea que vivamos, o que muramos, somos del Señor. Es seguro que la destrucción repentina viene sobre los malos; pero la gloria repentina espera a los vencedores.

Esta época no es para coquetear con algún pecado oculto. Tampoco para sentarnos durante horas frente al televisor, desperdiciando un tiempo precioso que se debería dedicar a la oración y las devociones.

La trompeta de Dios está sonando alto y claro. No tenemos excusa, y pronto seremos sorprendidos por acontecimientos rápidos y ominosos de terror, desastres y aflicciones por todo el mundo. Los que conocen al Señor y andan en su justicia no temerán.

Estarán a la vanguardia del campo de batalla espiritual, venciendo a todos los príncipes y potencias de las tinieblas por medio de la oración intercesora.

Será mejor que lo creamos y preparemos nuestro corazón; ya vienen los cambios increíbles, repentinos y arruinadores. No obstante, también en un abrir y cerrar de ojos, Dios cambiará a su pueblo de mortal a inmortal.

19

¡Jesucristo viene!

Hace unos mil años, el mundo pasó por su hora más negra. Según la *Historia de la Iglesia de Miller*, la Iglesia era mala, apóstata y muy débil. En realidad, su propia existencia estaba en peligro de desaparecer. El mahometismo crecía rápido; Europa estaba desolada por húngaros que masacraban a multitudes de personas; el temor y la violencia estaban por todas partes en la tierra. Toda la humanidad estaba asolada y presa del pánico. Había múltiples calamidades por todos lados, hambres terribles y desastres indescriptibles. Las plagas y pestilencias habían matado a incontables millones, pero el verdadero pánico era causado por unas señales extrañas y alarmantes en el cielo. Se registraron señales extrañas en el sol y la luna. Los predicadores de todo el mundo conocido predicaban y profetizaban que el mundo terminaría algún día del año 999, poco antes de que se cumplieran mil años. El texto que usaban era Lucas 21:25-27: "Entonces habrá señales en el sol, en la luna y en las estrellas, y en la tierra angustia de las gentes, confundidas a causa del bramido del mar y de las olas; desfalleciendo los hombres por el temor y la expectación de las cosas que sobrevendrán en la tierra; porque las potencias de los cielos serán conmovidas. Entonces verán al Hijo del Hombre, que vendrá en una nube con poder y gran gloria."

El pánico aumentó a partir del año 960, pero se consideraba que el año 999 sería el último que cualquiera vería. Era un engaño satánico, fundado en una mala interpretación del mensaje del milenio (mil años) como se encuentra en Apocalipsis 20:1-7. La gente dejaba sus empleos; los campesinos no plantaban ni cosechaban más; se dejaban deteriorar los edificios y las casas, y los historiadores dejaron de guardar informaciones. Los ricos y nobles, príncipes y obispos, abandonaron a sus amigos y familias y se apresuraron a llegar a Palestina para estar allí cuando Cristo regresara. El vendría y establecería un trono terrenal en el monte de Sion. Regalaron fortunas, y reyes y emperadores rogaban que los admitieran en monasterios para unirse a las órdenes sagradas. Las multitudes de pobres dormían en las entradas de los templos, o por lo menos muy cerca. La gente tuvo hambre, pues no había maíz, ni trigo, ni ganado, ni cosechas. No se habían acumulado provisiones pues todo iba a acabar pronto.

La última noche de 999 d.C. fue de pánico y nerviosismo. Los malos tuvieron una última parranda que se dijo era demasiado horrible para repetirla. Jerusalén estaba llena de los que esperaban en el monte Sion a que Jesucristo apareciera en las nubes. Al acercarse la medianoche, el mundo contenía la respiración. Los relojes marcaron las doce; luego un minuto más, y cinco minutos después todavía no aparecía Jesucristo. Vino la alborada y todo era paz y calma. Las multitudes volvieron a sus casas a arar, a reparar las ruinas y plantar. Todo volvió a la normalidad. El resultado fue que el temor se cambió en diversión y jolgorio. Se construyeron catedrales enormes y la población se dedicó a vivir sin esperar el regreso de Jesucristo. Era tiempo de construir aun imperios. El péndulo había completado su ciclo.

¡Jesucristo iba a venir en 1843!

Hace unos 145 años, Guillermo Miller, fundador de los adventistas, anunció la revelación sorprendente de que Jesucristo vendría en 1843. El había salido del deísmo y en 1833 se ordenó de predicador bautista. Después de catorce años de estudio, Miller calculó que Jesucristo regresaría en 1843 en una fecha dada. Su libro *Evidencias de las Escrituras y la historia de la segunda venida de Cristo, cerca del año 1843*, contenía tablas, cálculos minuciosos y ciertas pruebas de que, sin sombra de duda, 1843 era el año. José Hines publicó el libro y de 1839 al año 1843 millares de creyentes de todas las denominaciones fueron convencidos de que Jesucristo vendría en 1843. La fecha señalada llegó. Multitudes de personas fueron a una montaña a esperar la venida del Señor. Como Jesucristo no vino, Miller volvió a sus cálculos, confesó que había cometido un error y puso otra fecha. En 1845 lo eligieron presidente de los adventistas.

¿Puede usted creer que esas predicciones falsas volvieron a ocurrir? También se dijo que Cristo volvería el once de septiembre de 1988, y que la tercera guerra mundial comenzaría veintitrés días después, el cuatro de octubre. ¿Vino Jesucristo al amanecer del once de septiembre de 1988? Esa hubiera sido la noticia más maravillosa que pudiera imaginarme. ¡Ojalá hubiera sido así! El dijo que vendría pronto. No crea usted que me burlo de los libros mencionados. Jesucristo puede venir en cualquier momento. Lo que digo es que el establecimiento de fechas para su regreso es un engaño, una ilusión y no tiene fundamento bíblico. En realidad, ¡es contrario a todo el mensaje y significado de la venida de Cristo!

¡No debemos preocuparnos tanto por el *cuándo* y el *cómo* que olvidemos *quién* viene!

De veras, Jesucristo nunca pensó que su cuerpo místico estaría tan dividido con respecto a esta bendita esperanza. Hay mucha confusión y división sobre el tiempo de su venida. El movimiento evangélico y el carismático están divididos en muchos campos, todos convencidos de que saben cuándo viene Cristo. Algunos dicen que viene en dos etapas: Primero, un rapto repentino y sin anuncio previo, luego la tribulación. Otros dicen que vendrá después de tres años de tribulación. Y unos más que vendrá después de los siete años de la gran tribulación.

También hay un debate grande y creciente sobre el reino milenial de Cristo en la tierra. Están los premilenialistas que creen que a la segunda venida seguirá un reino de Cristo de mil años de paz y justicia (el reino de Dios), durante el cual Cristo reinará como Rey de esta tierra, y después del cual vendrá el fin del mundo. Los postmilenialistas dicen que el reino de Dios es ahora: El mundo será cristianizado y veremos un período largo de justicia y paz, "el milenio". Dicen que el evangelio conquistará y vencerá el mal aquí en la tierra, entonces vendrá Jesucristo. Los amilenialistas creen que no hay un reino de Cristo de mil años en la tierra, sino que hay dos reinos paralelos: El reino de Dios de luz y el reino del diablo de oscuridad. A la venida de Cristo, El establecerá su reino y aplastará el del diablo.

También circula la teología del dominio que declara que Jesucristo no vendrá antes de que los creyentes tomen autoridad sobre todos los niveles de la sociedad: político, social y económico; y subyuguen los sistemas, santifiquen el mundo y luego traigan a Jesucristo de regreso como rey. Además de estas doctrinas, hay todo tipo de dispensacionalistas: Todos bien calculados, lógicos, con pruebas de las Escrituras y afirmando que tienen la razón exclusiva. No encuentro en la Biblia: "¡Sean siempre calculadores!", sino más bien: "¡Estad listos!" Creo que el Espíritu Santo puso este mensaje en mi corazón para que nadie sea conmovido ni engañado jamás por ningún señalador de fechas. Digo con Pablo: "Pero con respecto a la venida de nuestro Señor Jesucristo, y nuestra reunión con él, os rogamos, hermanos, que no os dejéis mover fácilmente de vuestro modo de pensar, ni os conturbéis, ni por espíritu, ni por palabra, ni por carta como si fuera nuestra, en el sentido de que el día del Señor está cerca. Nadie os engañe en ninguna manera" (2 Tesalonicenses 2:1-3). Jesucristo dijo: "Pero de aquel día y de la hora nadie sabe, ni aun los ángeles que están en el cielo, ni el Hijo, sino el Padre. . . Velad, pues, porque no sabéis cuándo vendrá el señor de la casa. . . para que cuando venga de repente, no os halle durmiendo" (Marcos 13:32, 35, 36). Los señaladores de fechas evitan esto diciendo que el problema de saber el día exacto de su venida está en las horas diferentes alrededor del mundo, por eso nadie sabe la hora precisa.

Dios no ha querido revelar el tiempo del retorno de Cristo para mantener a su pueblo en estado de alerta.

"Mirad, velad y orad; porque no sabéis cuándo será el tiempo" (Marcos 13:33). Cualquier doctrina acerca del regreso de Cristo, la tribulación o el milenio que le quite a uno la expectativa, la oración y el estar siempre alerta no es de Dios. Tampoco si le hace perder el celo por ganar a los perdidos para Cristo. A toda hora debemos vivir esperando, velando y trabajando. Algunos que promovían ése libro sobre la venida de Cristo en 1988 decían: "Se necesitaba algo para despertar a los cristianos muertos; tal vez sea con esto." Sin embargo, digo que si se han descarriado, no velan o son perezosos, ninguna provocación emocional les hará cambiar, sino que seguirán aun más perezosos y burlones.

Cuando yo era niño, a principios del movimiento pentecostal, se predicaba sobre la venida de Jesucristo de tal manera que me asustaba de muerte. El texto bíblico era siempre: "Entonces estarán dos en el campo; el uno será tomado, y el otro será dejado. Dos mujeres estarán moliendo en un molino; la una será tomada, y la otra será dejada. Velad, pues, porque no sabéis a qué hora ha de venir vuestro Señor. . . Por tanto, también vosotros estad preparados; porque el Hijo del Hombre vendrá a la hora que no pensáis" (Mateo 24:40-42, 44). Los evangelistas hablaban del toque de la trompeta cuando desaparecerían millones de personas, habría choques de carros, se caerían aviones y los trenes se descarrilarían. Un día volví a casa de la escuela y no hallé a mi mamá. Pensé que había perdido la venida de Cristo y sentí pánico. ¡Creí que me habían dejado atrás!

Así les pasa a muchos creyentes. Les asusta su venida; viven con el temor de la última trompeta. Si hay rebelión y pecados ocultos, será temible, pero en este mensaje quiero predicar su venida desde otro punto de vista, esto es, con respecto a lo que significa para el vencedor y los que aman a Cristo.

¡Volverá de la manera que se fue!

"Entonces los que se habían reunido le preguntaron, diciendo: Señor, ¿restaurarás el reino a Israel en este tiempo? Y les dijo: No os toca a vosotros saber los tiempos o las sazones, que el Padre puso en su sola potestad. . . y habiendo dicho estas cosas, viéndolo ellos, fue alzado, y le recibió una nube que le ocultó de sus ojos. Y estando ellos con los ojos puestos en el cielo, entre tanto que él se iba, he aquí se pusieron junto a ellos dos varones con vestiduras blancas, los cuales también les dijeron: Varones galileos, ¿por qué estáis mirando al cielo? Este mismo Jesucristo, que ha sido tomado de vosotros al cielo, *así vendrá como le habéis visto ir al cielo*" (Hechos 1:6, 7, 9-11).

Lo primero que Jesucristo hizo fue reunir a los escogidos para verlo ascender al Padre: "Y estando juntos" (Hechos 1:4). Jesucristo congregó a unos 120 discípulos en el monte de los Olivos. Creo que ni sabían ni entendían lo que iba a pasar. El había tratado de prepararlos para su regreso al Padre: "Voy al Padre y no me veréis más" (Juan 16:10). ¿Cómo podría una mente finita entender tales palabras? ¿Cómo se iría El; moriría otra vez? ¿Vendría un carruaje a llevárselo como a Elías? ¿Se lo llevarían los ángeles, o se desvanecería en el aire? Era algo que Jesucristo les había advertido: "Habéis oído que yo os he dicho: Voy, y vengo a vosotros. Si me amarais, os habríais regocijado, porque he dicho que voy al Padre" (Juan 14:28). Ellos dijeron: "¿Qué quiere decir con: Todavía un poco? No entendemos lo que habla" (Juan 16:18).

De la misma manera que reunió a sus discípulos,

Jesucristo reunirá primero a su pueblo con El para prepararnos para su regreso. ¿Entenderemos? Dios siempre ha tenido un pueblo, pero poco antes de su venida hará lo que hizo antes de irse. ¡Ya lo está haciendo! Está ocurriendo en nuestra iglesia local y a través de todo el mundo. El Espíritu Santo llama a grupos pequeños y grandes a salir a su encuentro. ¡Ya han oído la trompeta! Han oído el grito: "¡Aquí viene el esposo; salid a recibirle!" (Mateo 25:6).

Jesucristo dijo que debían regocijarse, pero también les dijo: "Lloraréis y lamentaréis. . . aunque vosotros estéis tristes. . .". (Juan 16:20). Jesucristo reúne un pueblo al que manda que se regocije porque El vuelve así como se fue. El dijo que pasarían cosas horribles en la tierra; tan aterradoras que los hombres desfallecerían de temor, al ver el juicio alrededor. Sin embargo, a los reunidos se les manda no que teman, sino que se gocen, mientras se conmueven hasta los poderes del cielo. "Cuando estas cosas comiencen a suceder, erguíos y levantad vuestra cabeza, porque vuestra redención está cerca" (Lucas 21:28).

¡Se fue como Hombre glorificado y así mismo volverá!

"Este mismo Jesús, que ha sido tomado de vosotros al cielo, así vendrá como le habéis visto ir al cielo." Un cuerpo de carne y hueso fue crucificado, puesto en la tumba y resucitado. Cristo invitó a Tomás a tocar su cuerpo de carne y hueso, a tocarle las manos y meter la suya en su costado abierto. Fue verdaderamente un *Hombre* glorificado el que ascendió al Padre. Jesucristo no se vaporizó delante de ellos. Fue levantado en una nube hasta que se perdió de vista.

¡Qué espectáculo tan solemne debe haber sido aquel: Jesucristo radiante de gloria, mirando al cielo, levantado lentamente por encima de ellos! ¡Tuvieron que haber caído de rodillas!

Ellos lo vieron todo pues tenían los ojos fijos en El: "Estando ellos con los ojos puestos en el cielo." ¡Ellos ni habían parpadeado cuando El ya se había ido! De veras, seremos transformados en un abrir y cerrar de ojos: "Todos seremos transformados, en un momento, en un abrir y cerrar de ojos, a la final trompeta" (1 Corintios 15:51, 52). Pablo habla del cambio corporal cuando seremos "arrebatados juntamente con ellos [los resucitados] en las nubes para recibir al Señor en el aire" (1 Tesalonicenses 4:17). El vendrá pronto, de repente, y seremos transformados corporalmente en un momento.

¿Qué pasará antes del cambio de nuestro cuerpo? Creo que los redimidos lo verán descender así como los 120 lo vieron ascender. Creo que la venida de Cristo será una revelación de su gloria a su esposa. La trompeta final simboliza un despertamiento final. "¡La voz de mi amado! He aquí él viene saltando sobre los montes. . . atisbando por las celosías" (Cantar de los cantares 2:8, 9). Vendrá pronto, de repente y nuestro cuerpo será transformado en un momento, pero creo que la venida de Cristo es una revelación de su gloria a su esposa. El llamará primero: "Es la voz de mi amado que llama" (Cantar de los cantares 5:2). ¡La esposa no puede dejar de presentir el acercamiento de su amado! En la antigüedad cuando el que se iba a desposar se acercaba, se le avisaba a gritos a la esposa y su comitiva por lo menos a dos cuadras de distancia: "¡He aquí viene el novio!"

"Por tanto, ceñid los lomos de vuestro entendimiento, sed sobrios y esperar por completo en la gracia que se os traerá cuando Jesucristo sea manifestado" (1 Pedro 1:13). "Mas vosotros, hermanos, no estáis en tinieblas, para que aquel día os sorprenda como ladrón" (1 Tesalonicenses 5:4). Lo amamos ahora, aunque no lo vemos. ¿Cómo será momentos antes de que El aparezca para revelarse? "A quien amáis sin haberle visto, en quien creyendo, aunque ahora no lo veáis, os alegráis con gozo inefable y glorioso" (1 Pedro 1:8). Ahora mismo El es gozo inefable y glorioso cuando sólo nos toca por medio de su Espíritu. ¿Ha entrado El alguna vez a su cuarto? ¿Ha estado El tan cerca que usted pensó que estaba en el cielo? Entonces, ¿cómo será cuando nos acerque por medio de su gloria y su presencia?

Pablo sugiere que los santos de Dios pueden ver cuando el día se acerque: "No dejando de congregarnos. . . sino exhortándoos; y tanto más, cuanto veis que aquel día se acerca" (Hebreos 10:25). "Pero sabemos que cuando él se manifieste, seremos semejantes a él, porque le veremos tal como él es" (1 Juan 3:2). "He aquí que viene con las nubes, y todo ojo le verá, y los que le traspasaron" (Apocalipsis 1:7). "Y verán su rostro, y su nombre estará en sus frentes" (Apocalipsis 22:4). "Esteban, lleno del Espíritu Santo, puestos los ojos en el cielo, vio la gloria de Dios, y a Jesús que estaba a la diestra de Dios" (Hechos 7:55). Esteban es un prototipo de los que estén vivos en los postreros días, "lleno del Espíritu Santo", a quienes se les abrirán los ojos y el cielo. Veremos a Jesucristo venir en gloria con todos los santos ángeles. ¡Veremos el desfile majestuoso de su gloria!

Su venida será una gran celebración tanto para la esposa como para el Esposo.

Para los que formamos la esposa, no debe haber temor cuando El aparezca. "Sino gozaos por cuanto sois participantes de los padecimientos de Cristo, para que también en la revelación de su gloria os gocéis con gran alegría" (1 Pedro 4:13). Nunca olvidemos que El no sorprenderá a los que lo esperan, a los que estén "aguardando la esperanza bienaventurada y la manifestación gloriosa de nuestro gran Dios y Salvador Jesucristo" (Tito 2:13); "esperando y apresurándoos para la venida del día de Dios" (2 Pedro 3:12). Los que esperan "aprovechando bien el tiempo, porque los días son malos" (Efesios 5:16). ¡No sentados frente al televisor, ni envueltos en sí mismos y en sus sueños y ambiciones! Están ocupados adornándose como una novia. Se ocupan hasta que El venga. Aquel día no tomará por sorpresa a los que estén preparados. ¡El no vendrá como ladrón a sorprender al que lo espera!

También será el día de la alegría del Señor. El anhela estar con su desposada: "Yo soy de mi amado, y conmigo tiene su contentamiento" (Cantar de los cantares 7:10). Nos olvidamos de su emoción, gozo y esperanza. Sí, El está ansioso de estar con su esposa. Jesucristo lloró en la tumba de Lázaro. "Jesús se regocijó en el Espíritu" (Lucas 10:21) después que los discípulos volvieron de echar fuera demonios. El es un Hombre glorificado, participante de nuestros sentimientos y lleno de gozo en espera de tener a su esposa, reclamarla y acercarla a sí.

El ha prometido manifestarse a los que esperan su venida: "Aparecerá por segunda vez, sin relación con el pecado, para salvar a los que le esperan" (Hebreos 9:28). Esta vez no viene a expiar el pecado, sino a revelar su gloria a su esposa. Esa manifestación ya ha comenzado. Está manifestando su poder y gloria a su remanente santo. Se verán atrapados por su atracción magnética. El no es un astuto que trata de sorprender a su esposa en fornicación. Antes bien,

El nos atrae, limpia, llama y acerca.

¡Jesucristo viene con voz de mando!

"Porque el Señor mismo con voz de mando, con voz de arcángel, y con trompeta de Dios, descenderá del cielo; y los muertos en Cristo resucitarán primero. Luego nosotros los que vivimos, los que hayamos quedado, seremos arrebatados juntamente con ellos en las nubes para recibir al Señor en el aire, y así estaremos siempre con el Señor. Por tanto, alentaos los unos a los otros con estas palabras" (1 Tesalonicenses 4:16-18). Todos los vencedores oirán la voz de arcángel: "¡Ya está a la puerta! ¡Vengan amados que Aquel a quien aman ha venido a llevárselos!" No es una venida a escondidas ni discreta. No, Cristo viene con sonido de trompeta, huestes angélicas, voz de mando y un grito cósmico de arcángel. Los muertos en Cristo se levantarán primero para encontrarlo en el aire. ¡Qué alboroto de alegría será! Lo abrazarán primero. ¿Cree usted que estarán en silencio, con cuerpo nuevo, redimidos eternamente y en su hogar perdurable con Jesucristo? Amados, ellos estarán allí gozándose. Y mientras tanto, El enviará a sus ángeles por todo el mundo a reunir a sus hijos. ¡Qué bienvenida tan grande será aquella!

En esto se resume el significado de su venida: "Y así estaremos siempre con el Señor" (1 Tesalonicenses 4:17). Es necio discutir si viviremos en la tierra o en algún cielo. ¡El cielo estará donde esté Jesucristo! Algunos se aferran a la idea de que nunca saldremos de esta tierra y que Cristo descenderá a nosotros y establecerá un reino mundial. Todo lo que yo quiero se encierra en: "Y así estaremos siempre con el Señor."

¿Desea usted estar siempre con el Señor? ¿Sabía que El también desea estar con usted? "Padre, aquellos que me has dado, quiero que donde yo estoy, también ellos estén conmigo, para que vean mi gloria" (Juan 17:24). No se enoje con los señaladores de fechas que pensaron que sabían el tiempo de la venida del Señor. Tal vez lo hicieron con celo, pero sin sabiduría. Habrá más libros, cartas y profecías sobre revelaciones especiales. No se deje conmover por ninguna de esas cosas. Deje los tiempos y las sazones en las manos del Padre, y viva cada día de su vida como si Cristo fuera a venir en la hora siguiente. Hasta que El venga haremos la obra de reconstrucción de los muros de la santa Sion.

Nos agradaría recibir noticias suyas.
Por favor, envíe sus comentarios sobre este libro
a la dirección que aparece a continuación.
Muchas gracias.

Editorial Vida
7500 NW 25 Street, Suite 239
Miami, Florida 33122

Vidapub.sales@zondervan.com
http://www.editorialvida.com